REINE
ET
SOLDAT,

CHRONIQUE DE 1574,

> Dans le crime il suffit qu'une fois on débute,
> Une chute toujours attire une autre chute.
> — BOILEAU. —
> A la cour, les nœuds du sang sont relâchés par
> l'ambition et rompus par le crime.
> — Recueil de *Pensées inédites*.—

PAR

LE BARON DE LAMOTHE-LANGON,

Auteur de *Monsieur et Madame*, de *Mademoiselle de Rohan*, de *la Femme du Banquier*, de *l'Auditeur au Conseil d'État*, et des *Merveilles de la nature*.

I

LIBRAIRIE DE CHARLES LACHAPELLE,
RUE SAINT-JACQUES, 75.
—
1858.

REINE ET SOLDAT.

Ouvrages de Maximilien Perrin.

LA DEMOISELLE DE LA CONFRÉRIE, 2 vol. in-8.	15 fr.
LA GRANDE DAME ET LA JEUNE FILLE, 2 vol. in-8.	15
LA FILLE DE L'INVALIDE, 2 vol. in-8.	15
L'AMOUR ET LA FAIM, 2 vol. in-8.	15
LA SERVANTE MAITRESSE, 2 vol. in-8.	15
LES MAUVAISES TÊTES, 4 vol. in-12.	12
LE PRÊTRE ET LA DANSEUSE, 4 vol. in-12.	12
LA FEMME ET LA MAITRESSE, 4 vol. in-12.	12
L'AMANT DE MA FEMME, 2 vol. in-8.	15
SOIRÉES D'UNE GRISETTE, 4 vol. in-12.	12

SOUS PRESSE :

LE MARI DE LA COMÉDIENNE, 2 vol. in-8.	15
VIERGE ET MODISTE, 2 vol. in-8.	15

E. Dépée, Imprimeur, à Sceaux.

REINE ET SOLDAT,

CHRONIQUE DE 1574,

> Dans le crime il suffit qu'une fois on débute,
> Une chute toujours attire une autre chute.
> — BOILEAU. —
> A la cour, les nœuds du sang sont relâchés par
> l'ambition et rompus par le crime.
> — Recueil de *Pensées inédites.* —

PAR

LE BARON DE LAMOTHE-LANGON,

Auteur de *Monsieur et Madame*, de *Mademoiselle de Rohan*, de *la Femme du Banquier*, de *l'Auditeur au Conseil d'État*, et des *Merveilles de la nature*.

I

LIBRAIRIE DE CHARLES LACHAPELLE,

RUE SAINT-JACQUES, 75.

—

1858.

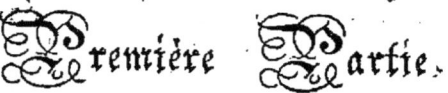

I.

Le Pont au Change.

> Il y a des rapports plus intimes qu'on ne pense
> entre la forme des logemens d'une époque et les
> mœurs de ce temps-là.

Le Pont-au-Change, qui unit à Paris le milieu de la Cité à la portion nord de la ville, n'était pas, en 1574, ce qu'il est de nos jours. On admire maintenant ses belles et larges arcades toutes en pierre de taille ; la vaste place qui le précède d'un côté, et que pare la colonne triomphale servant à la fois de fontaine et de monument; de l'autre côté, l'œil aime à se reposer sur le feuillage du joli quai aux Fleurs, sur les constructions de toute époque du vieux palais de nos rois, devenu celui de la justice, sur la perspective qui, à travers la rue de la Barillerie, va se perdre dans le vaste ciel ouvert du pont Saint-Michel. Mais combien encore est plus admirable le splendide développement qui se prolonge en amont et en aval de la Seine. Ici, le pont Notre-Dame, celui en fer nouvellement bâti ; plus loin, les magnifiques maisons du quai de la Cité, la masse imposante de l'île Saint-Louis ; et de l'autre bord, les antiques constructions que couronnent, soit la tour de Saint-Jacques-la-Boucherie, soit le beffroi de l'Hôtel-de-Ville, soit le portail de Saint-Gervais ; là, encore le palais avec les tours de saint Louis ; le quai superbe de la Mégisserie, où les yeux suivent avec plaisir la file d'arbres qui le parent ; ce Pont-Neuf où domine la statue d'Henri IV, et, à gauche, les palais de la Monnaie et de l'Institut, et, à droite, le Louvre avec sa colonnade, sa façade du midi, sa galerie gigantesque ; et puis le pavillon de Flore, le jardin des Tuileries et Passy, et Chaillot enfermant l'horizon dans un amphithéâtre de jolies maisons, de rideaux de verdure ; auprès, la Seine, peuplée comme la terre et se montrant dans toute sa splendeur.

Ces merveilles de l'âge présent, ces bénéfices de la civilisation que nous avons troqué contre la probité, la ferme indépendance de nos pères, ne pouvaient être même devinés à l'époque où commence cette histoire. Le Pont-au-Change, ainsi nommé parce que le roi Louis VII avait ordonné qu'il fût la demeure des changeurs royaux et autres, était tout en bois, établi sur des solives de chêne, de noir mélèze. Sur ces arches menaçantes on avait construit deux rangées de maisons pareillement en bois, élevées de deux et trois étages au-dessus du rez-de-chaussée, et recouvertes par un toit aigu qu'une girouette surmontée d'une croix décorait ; chacune de ces modestes demeures n'avait qu'une ou deux fenêtres en largeur, véritables croisées, car elles étaient séparées en quatre parties par des linteaux souvent chargés de fines, d'élégantes sculptures : c'étaient des guirlandes de fleurs, de fruits ou de coquillages, des arabesques légères, capricieuses, amusantes toujours ; souvent montait entre les sculptures une fine et longuette vierge tenant son *benoît* fils dans ses bras. Aux deux autres côtés on admirait les saints patrons du propriétaire, figures allongées comme des fuseaux, mais toutes portant sur leurs traits une quiétude, un repos admirable, une fleur de dévotion que nos plus habiles artistes ne peuvent renouveler.

Parfois, aux manoirs des juifs déguisés sous un faux catholicisme, on apercevait des ornemens vagues, confus, incertains, pour ne pas mentir au précepte de ne point tailler des dieux mensongers. Un malin changeur lombard attirait les chalans par des caricatures spirituelles : là, un renard prêchant à des dindons; ici un coq (le Saint-Père) porté pompeusement par quatre pourceaux encapuchonnés; une cigale couverte des affiquets d'une duchesse, écoutait les galanteries d'un singe empanaché comme un vrai courtisan du grand roi François Ier (1).

(1) On venait de découvrir à Rome, dans les bains de Titus, des grotesques et des arabesques. Raphael les avait imitées en homme de génie; dès lors la mode s'en répandit rapidement. Ces ornemens entaillés dans le bois devinrent par fois satiriques ; les maisons des protestans

A chaque rez-de-chaussée il y avait une boutique à fleur de sol, ou élevée, ou descendue de plusieurs marches; de solides barreaux de fer la défendaient contre toute attaque imprévue. A celles des changeurs, des orfèvres, des jouailliers on n'entrait point par la rue; c'eût été donner trop de facilité aux *filoux, ribauds, mauvais garçons, truands* et pareille compagnie, mais on y arrivait par le corridor toujours noir et sale, et d'où s'exhalait une puanteur nauséabonde qui annonçait dès l'abord de quel réduit manquait cette maison.

Des marchands drapiers ou de soieries, ou d'étoffes de brocard des Indes et de Flandre, deux horlogers-mécaniciens occupaient à peu près tous les loyers du pont. Certains gardaient pour eux seuls les divers étages de la maison,

représentaient particulièrement des caricatures dirigées contre le clergé. Beaucoup de villes de province possèdent de ces maisons ainsi ornées.

soit à cause de la nécessité d'avoir au premier un asile ou autre magasin, ou bien de placer sous la vue du maître l'atelier des ouvriers. D'autres louaient le second, le troisième étage à des familles d'honnête bourgeoisie, gens de basse robe, à des plaideurs attirés par la proximité du palais.

Du côté de la ville, le Pont-au-Change était à peu près clos par la masse énorme, hideuse, imposante des constructions du grand Châtelet. César, disait-on, avait bâti cette forteresse remarquable par ses tours, ses hautes et fortes murailles, ses voûtes ténébreuses, dont une servait de porte au vieux Paris. Le grand Châtelet appartenait en réalité à l'époque des descendans de Charlemagne, ou au commencement de la troisième dynastie. Il se pouvait bien qu'il existât des parties plus antiques, mais on les confondait avec les autres. Une salle immense, à fenêtres cintrées et par conséquent d'origine romaine, porta de tout temps le nom de *chambre de César*; elle était dans une tour ronde évidemment édifiée dans le bas-empire tout au moins.

C'était le chef-lieu de la juridiction dite du Châtelet. On montait à ce tribunal par un escalier à vis accompagné d'un côté par les boucheries, et flanqué de l'autre par l'affreux édifice de la morgue. Ainsi c'était au milieu de l'étalage sanglant des viandes et des cadavres exposés à la méditation publique, parmi cette double infection que la justice tenait ses séances.

Du côté de la Cité, la vue était resserrée par la rue alors étroite de la Barillerie, les tours du Palais, l'église de Saint-Barthélemy et enfin par le petit Châtelet, autre massif bâtiment qui enclosait le pont Saint-Michel, lui, pareillement couvert de maisons hautes et tremblantes. Ainsi, on ne respirait du côté de la rue qu'un air méphitique, lourd, épais, qui portait nécessairement à la tristesse et à la mélancolie. Le jour ne pénétrait qu'imparfaitement dans ces manoirs si enfoncés, dans ces espèces d'antres au milieu de la capitale. A peine si une échappée de ciel était aperçue. A midi seulement, lorsque l'atmosphère était pure, ce qui avait lieu rarement, le soleil tout à coup apparaissait radieux, flamboyant; il illuminait d'une large ceinture de lumière cette rue naturellement sombre et morne, faisait étinceler les flaques d'eau, les boues liquides, et puis disparaissant, rendait à son obscurité primitive ce quartier étonné et presque effrayé de tant de splendeur.

La vue était plus riante du côté de la rivière, surtout pour la rangée de maisons dont le derrière était tourné vers le Pont-Neuf. Celles-là voyaient le Louvre, la tour de Nesle et la campagne étendue depuis les fossés du Louvre jusqu'à Passy. Celles, au contraire, adossées au pont Notre-Dame (1) avaient la perspective promptement bornée par la double file de maisons que l'on avait aussi construit sur ses arches en pierres de taille.

Vers les premiers jours de janvier 1574, parmi les nombreux habitans du Pont-au-Change on signalait maître Massot, barbier-chirurgien-étuviste, né dans la vieille capitale du Languedoc, à Tholose, sa cité chérie. Étienne Massot se vantait d'avoir tout ensemble fait ses études en la docte ville de Montpellier, pris là ses degrés de science, de chi-

(1) Le pont Notre-Dame, dû à Guillaume de Poitiers, gouverneur de Paris, eut sa première pierre posée le 28 mars 1499, et achevé le 10 juillet 1507, à sept heures du soir, avec grande pompe; deux rangs de maisons en faisaient une rue. Son architecte fut le célèbre moine Jean-Joconde, il avait été dégagé de ses soixante-une maisons avant 1787.

rurgie, et suivi le fameux maréchal Blaise de Montluc dans le cours de sa vie aventureuse.

Massot, type parfait des Gascons, en possédait l'esprit, la pénétration, la finesse, et avec cela cette bravoure forfantière qui fait prendre pour poltron l'homme de courage qui se vante. Toujours vif, alerte, prompt à donner le coup de peigne, à relever une moustache, comme à piquer la veine, et, en cas de besoin, à tailler un membre; rieur, enfant, étourdi plus que ne le comportait son âge, il se moquait du passé, jouissait du présent et ne songeait pas à l'avenir.

Il y avait un an qu'il était venu s'établir sur le pont; il en acheta la maison la plus apparente, la paya comptant, ce que l'on admira d'un enfant de la Garonne, et à la fois ouvrit une boutique où il s'installa en chef : puis mettant un écriteau pour annoncer que ses chambres étaient à louer, commença son établissement et à se faire de nombreuses pratiques. Sa jovialité, ses histoires multipliées et toujours neuves et piquantes, la bonne qualité de ses vins, la gentillesse de sa gouvernante, et par dessus tout on ne sait quel fumet de haute protection occulte et très mystérieuse, firent de ce perruquier du temps un homme de conséquence dans la paroisse Saint-Barthélemy.

Sa maison était une des plus grandes du pont; sa largeur avait permis que chaque étage fut divisé en quatre chambres, deux sur la rue, deux sur la Seine, et de celles-ci on jouissait de la belle perspective du Pont-Neuf. La même répétition avait lieu au second et au troisième; le quatrième servait de demeure à deux garçons et de galetas. Au rez-de-chaussée, la boutique s'ouvrait sur la rue par une large arcade surbaissée garnie de son grillage, et les montans du vitrage étaient peints en rouge et en vert éclatans. On y entrait par une petite porte bâtarde autre que celles du reste de la maison. Une toile de Bergame, un miroir de Venise environné de sa bordure en petits morceaux de glace, des bancs rembourrés en canevas, un énorme fauteuil d'ébène, orné au dos d'un aigle gigantesque à deux têtes, dont les pattes faisaient les bras et que sommait une énorme couronne impériale, achevait d'orner splendidement cette boutique, la plus belle de la Cité et des quartiers voisins.

Ce fauteuil, racontait-on, avait été fait par ordre du roi François Ier, ou comme on disait alors, du *grand roi*, pour servir à l'empereur Charles-Quint pendant son voyage en France. Comment du palais du Louvre était-il tombé au pouvoir du barbier gascon? Cela ne s'expliquait pas plus que la richesse de l'ameublement de son appartement du premier étage.

Ce n'était pas un maître étuviste, lors même qu'il eût damé le pion à ses confrères, qui aurait réuni les tapisseries de Flandre pour l'ornement des murailles, les tapis de Perse qui couvraient le plancher, les bahuts, cabinets et coffres en ébène, ivoire, nacre, enrichis de statuettes dues à un ciseau exquis, de camées antiques, de morceaux précieux, de lapis, d'agathe, d'amétiste, de cornaline ; puis des tables chargées de mosaïques de Florence, de grands miroirs beaux comme ceux de la reine-mère, des bras, des torchères, des chandeliers d'argent ou de bronze supérieur en prix, attendu les ciselures puissantes du gentil Ascanio, l'apprenti favori du fameux Benvenuto (1).

(1) Le célèbre sculpteur et ciseleur Benvenuto-Cellini, parle beaucoup dans ses mémoires, de cet élève auquel il portait une amitié tendre, qui plus tard fut changée en haine. Ascanio lui ayant ravi une de ses maîtresses, Cellini pour se venger lui fit épouser celle-là, et l'établit en France. Ascanio travailla beaucoup, fit de très beaux ouvrages d'orfèvrerie, de ciselerie, des médailles; et il

Le lit surtout était magnifique : quatre colonnes torses et dorées soutenaient un baldaquin tendu de brocard d'or et empanaché de cinq bouquets de plumes; les pentes, la courtepointe étaient de ce même brocard glacé d'argent et d'or, et les rideaux enfin velours rouge à quatre poils disaient que primitivement une princesse couchait sous cette courtine somptueuse.

Au reste, on parlait de cet appartement plus qu'on ne le voyait. Comme il était loué, on ne pouvait y jeter à l'aise le regard jaloux de la curiosité; mais les apprentis et les locataires du second et troisième étage, les voisins de la rangée de maisons de l'autre côté du pont, tous avaient aperçu *peu* ou *prou*, quelque chose

---

passa dans le midi de la France, dans Toulouse où il fut le camarade et le compagnon du fameux Bachelier (*voir la Biographie toulousaine tome* 1), Ascanio Litti, lui survécut, il mourut en 1599.

de cette brillante demeure, et on en parlait !
et on en parlait... à enrouer les commères du
quartier.

Des quatre chambres, l'une, divisée en
deux parties, servait d'antichambre et de cuisine, la seconde était une salle à manger, la
troisième la chambre à coucher, elle avait un
petit cabinet dans une tourelle ; la dernière,
à la fois oratoire, boudoir, salon, cabinet
d'étude, charmait par le luxe de la décoration ; il y avait des chefs-d'œuvre de Léonard
de Vinci, ce peintre célèbre mort dans les bras
du grand roi, un christ de Michel-Ange,
des sculptures de Germain Pilon, artiste vivant, des meubles aussi riches qu'élégans en
faisaient la pièce principale de l'appartement.

Des livres italiens, *la Divine Comédie*, les
Sonnets de Pétrarque, *le Décaméron* de Bocace ;
des ouvrages français, le *Pantagruel* de Rabelais, les *poésies* de Clément Marot, les *Chroni-*

ques de Christine de Pisan, des cahiers de musique, un luth et un théorbe annonçaient que dans cette retraite on se livrait au charme des beaux arts. Ces deux dernières chambres donnaient sur la rivière; elles étaient complètement isolées. Un large balcon ombragé de fleurs rampantes, de chèvrefeuille odorant, de rouge capucine, ajoutait à l'agrément de chaque pièce. On y voyait coucher le soleil dans toute sa magnificence. Enfin jamais du haut de la rue de La Harpe, à l'extrémité de celle de Saint-Denis, on n'avait vu chez un logeur-barbier-chirurgien-étuviste tant de richesses et de luxe de bon goût ensemble réunis.

Les logemens des deux autres étages, quoique propres et bien nipés, étaient loin d'approcher de celui-là. Souvent occupés, d'autres fois vides, c'étaient des passe-volans, des plaideurs qui s'y établissaient, ou des gentilshommes de province qui venaient chercher fortune à Paris, à la cour du roi de France, ou chez MM. de Montmorency et de Guise.

Qui donc habitait ce brillant premier étage? qui?..... C'était la question que l'on s'adressait réciproquement de l'Apport-Paris, au-delà du Palais; chacun avait fait là-dessus diverses conjectures, sans croire avoir atteint à la vérité. Un jour que la foule était grande chez maître Étienne Massot, trois graves personnages et une matrone encore plus vénérable s'occupaient plus de lui, que certes lui, dans ce moment, ne pensait à eux.

Ce quatuor malveillant se composait premièrement du jouailler de la reine-mère, le Milanais Prizzio Bertinelli, de sa femme, Parisienne renforcée, fille, sœur, tante et nièce d'échevin, qui, grâce à forte dot, à l'illustration de ses familles paternelles et maternelles, et à la fortune prodigieuse de son mari, se faisait hardiment titrer de demoiselle Bertinelli. Mon Dieu! qu'elle était majestueuse, lorsqu'assise dans son comptoir, elle nettoyait les diamans, les pierreries, les carcans enrichis de rubis et de saphirs, les fermoirs ciselés et garnis d'émeraudes. Une princesse du sang de France ne se serait pas estimée à sa valeur.

Le troisième admis à cette coterie était un armurier, zélé catholique, brusque, méchant, hargneux et jaloux; celui-là, simple locataire de la maison où il avait établi son magasin et son atelier, ressentait une envie poignante de ce qu'il appelait la fortune d'Étienne Massot. Il était véritablement capable

De s'amaigrir de l'embonpoint d'autrui.

Au demeurant, maître Coiffaux (Éloi) avait fait le coup d'arquebuse et joué du coutelas pendant la nuit affreuse de la saint Barthélemy, 24 août 1572; il se vantait d'avoir assisté Besmes, et cet acte de férocité le rendait recommandable parmi les catholiques zélés, et il avait de fréquens rapports avec les jacobins de la rue Saint-Jacques.

Enfin le quatrième interlocuteur du conciliabule était le révérend père en Dieu, honnête et discrète personne Laurent-Onésime Leclaude, curé de la paroisse royale de Saint-Barthélemy. Cet ecclésiastique, chaud royaliste au fond du cœur, aimait néanmoins à louanger les princes lorrains, *les guisards*, comme on les appelait. C'étaient, à l'entendre, les zélés défenseurs de la foi; il regrettait que le trône ne fût point vacant pour les y appeler, et en même temps il comptait sur ses doigts d'abord le jeune roi de France, S. M. régnante Charles IX, âgé seulement de vingt-quatre ans, époux d'une belle, noble et vertueuse Élisabeth, archiduchesse d'Autriche; puis son frère puîné, S. M. Henri, par *la grâce de Dieu* roi de Pologne, qui était taillé à laisser une postérité nombreuse; puis venait le duc d'Alençon, non encore marié. Après eux, le bon curé faisait apparaître le jeune, le hardi, le spirituel roi de Navarre Henri de Bourbon, si plein d'esprit et de galanterie.

— Celui-là, disait-il, est capable d'enlever à la volée la couronne qu'on lui jetterait, de la retenir surtout, de manière à ce qu'elle ne retombât pas à terre...

— C'est un hérétique, un méchant parpaillot (1), repartait avec fureur Éloi Coiffaux l'armurier.

— Il est de retour au giron de l'Eglise.

(1) Le nom de *parpaillot*, qui signifie *papillon* en langue romaine, fut donné, on ne sait pourquoi, aux protestans français; plus tard, ce sobriquet a été appliqué à un pauvre ermite catholique, vivant dans l'ermitage de Conques, commune de l'arrondissement de Carcassonne, située aux premiers coteaux de la chaîne des montagnes *Noires*. J'ai vu ce *parpaillot*, poursuivit de ce nom par les enfans, il existait encore en 1820.

— La force l'y a ramené, et monsieur le diable rit bien de ses singeries. C'est un impudent débauché, un coureur de filles, à qui dix maîtresses ne suffisent pas.

— Eh! maître Éloi, dit la modeste demoiselle Bertinelli en baissant la tête pour cacher un sourire de contentement, il faut éviter le scandale et plaindre les fougueuses passions de la jeunesse. D'ailleurs ce bon roi de Navarre n'est pas heureux ; il est à la cour plus prisonnier que libre de sa personne.

— Eh! plût à Dieu, répondit l'armurier, qu'on l'y retienne tant qu'il vivra, ou plutôt qu'on se dépêche à le mettre en un lieu où les geôles lui soient inutiles.

— Prenez garde, maître Coiffaux, dit gravement le curé, que votre parole penche au meurtre et qu'elle va presque au régicide.

— Un hérétique.

— Un roi.

Le jouailler italien alors et à demi-voix :

— Est-il donc bien et dûment arrêté ?... est-il en danger de vie ?... Ce serait un grand malheur... ah ! oui, un bien grand ; car il m'a commandé des bagues, des carcans, des claviers, des agrafes, des drageoirs garnis de pierres fines, et s'il ne les prenait pas, la perte serait pour moi incalculable.

— Oh ! sordide Lombard, repartit le Vulcain français, vous n'aimez ou ne haïssez que par bulle papale et en conformité de vos avantages pécuniaires. Ne rougissez-vous point de cette avarice ?... Quant au Navarrois, voyez l'abominable abus qu'il fait de sa fortune royale, des bijoux, des hochets à payer son libertinage,

— Ou plutôt, répondit demoiselle Bertinelli, les cadeaux qui vous blessent tant sont destinés à récompenser d'honnêtes, de dignes veuves et épouses des officiers morts ou blessés à son service ou à celui de son père, car voici la liste des noms, les armoiries ou les devises et chiffres.

— Il est reconnaissant, dit le curé avec une voix tremblante de joie. Eh bien! maître armurier, qu'en direz-vous?

— Qu'il faut se défier de tout sépulcre blanchi, de tout hypocrite qui joue double jeu. Je gage que c'est lui qui a conduit ou fait conduire chez notre méchant voisin, le maudit Gascon, cette jolie donzelle, cette libertine aux beaux yeux bleus et à la mine doucette, qui depuis deux ou trois mois habite l'appartement du premier étage de la maison d'Étienne Massot l'étuviste, le chirurgien, le barbier pédicure par excellence de ce quartier.

— N'est-ce pas une calomnie? reprit le curé.

— Je crois que c'est une parente de notre jovial voisin, dit le jouailler.

— Elle est trop belle pour cela, se mit à répliquer madame Bertinelli ; non, elle n'est ni la nièce ni la cousine de Massot.

— Quand je vous soutiens, mes compères, que j'ai dans ma mémoire le pot aux roses.

— Oh! firent les trois autres en se rapprochant simultanément du bavard malicieux. Allons, compère, vous n'avez ici que des amis, répétez-leur ce que vous savez..... Je gage, ajouta le curé, que je pourrai peut-être rendre ma part au moyen d'une histoire curieuse qu'aucun de vous trois ne sait assurément.

— Je consens à vous raconter ce que j'ai su de bonne source, dit encore l'armurier, et un peu plus tard vous saurez qui m'a si bien instruit.

A ces mots Bertinelli fit signe au curé, à l'armurier et à sa femme de passer avec lui dans l'arrière-boutique. Là, étaient un sopha de jonc et deux chaises carrées recouvertes d'une vieielle housse de soie. Pendant que le curé prenait la place à droite du grand meuble, et que par un geste il réservait l'autre à la maîtresse du logis, celle-ci donnait des ordres au roi de la boutique, ainsi l'on nommait le chef des ouvriers, et certaine que l'armurier ne serait pas interrompu, elle alla rejoindre le reste de la compagnie.

— Oh! il sait tout, disait au curé et en riant Bertinelli, lorsqu'en même temps il frappait en signe d'amitié sur l'épaule d'Éloi Coiffaux.

— Hors ce que tu nous caches, compère, car si tu voulais jaser, il en est dans Paris qui prétendent que la reine-mère, la *sainte et dévotieuse* Catherine de Médicis, t'a mis souvent de moitié dans des aventures bien curieuses.

— Ceux-là me feront grand chambrier de France, dit en riant le jouailler, et pour quelques bagatelles riches et curieuses qui de ma boutique ont passé dans son baguier, il y a des gens qui se figurent que je suis son favori.

L'armurier hocha la tête en signe de protestation contre cette modestie jouée, puis commença en ces termes.

II.

Commérages.

> Que la vie serait triste pour plusieurs s'ils n'en employaient pas une moitié à faire du mal au prochain, et l'autre à mal parler de lui.

— Notre voisin le toulousain Étienne Massot n'a pas toujours joui de cette fortune, de ce bien-être dont il se targue maintenant avec insolence. Méchant barbier et chirurgien, non, certes! il n'était pas étuviste. Un soir, il se coucha pauvre selon son habitude ; le lendemain il se leva riche, oui, riche, car il acheta cette maison superbe où il se carre, ces meubles si magnifiques, dont nous ne connaissons pas les plus beaux, enfin cette position brillante qui lui fait tenir le col si droit et jeter si dru ses paroles arrogantes.

Il était donc installé dans cet établissement depuis deux ou trois semaines ; il venait de la veille d'annoncer par une enseigne qu'il logerait les étrangers, lorsque, vers le milieu de la journée, une jeune fille, jolie à ravir, fraîche comme la rose, et niaise... ah ! niaise... la suite le prouvera, lorsque, dis-je, une jeune fille entra dans la boutique du Gascon ; elle portait un paquet noué dans un mouchoir ; elle était tremblante, embarrassée, et pouvait à peine parler.

—Qu'est-ce, ma gente merveille ? dit Massot ; que me voulez-vous ? mon rasoir n'a rien à faire sur ce céleste visage... — Je voudrais un logement et pas trop cher.

— Un logement, soit; mais qui vous recommande? Je suis un honnête homme, prudent à servir; j'ai peur de M le lieutenant-criminel, et je ne reçois que les personnes connues.

La jeune fille parut encore plus décontenancée; une larme brilla dans son œil; elle dit :

— Étrangère à Paris... j'y suis peu connue..... cependant j'ai une recommandation que m'a remise pour vous être présentée, un seigneur... ah! bien respectable... un page du roi.

Massot fit comme fait maintenant l'honorable compagnie, poursuivit le narrateur, il sourit. *Le seigneur bien respectable* changé en page du roi l'amusa; mais ayant surmonté ce premier mouvement, il prit le billet qu'on lui présentait avec un surcroît d'émotion, et continuant le colloque :

« — Vous avez raison, mademoiselle (il ne balança pas à la qualifier ainsi); M. Lothaire de Laon, sans être page, n'en est pas moins respectable en sa qualité d'officier de la chambre du roi, de gentilhomme ordinaire (1). Je le connais beaucoup ; sa protection n'est pas à mépriser, et puisqu'il daigne me prier de vous recevoir, moi et ma maison sommes à vos commandemens. Que souhaitez-vous ?

(1) Les quatre *premiers gentilshommes de la chambre du roi* remplissaient des fonctions de grands officiers de la maison; il n'y en avait qu'un seul au règne d'Henri IV qui doubla la charge, elle devint quatruple plus tard.

Les *gentilshommes ordinaires de la chambre du roi*, remplissaient des fonctions sans doute honorables, mais pour lesquelles la noblesse n'était pas exigée.

Louis XVIII avait créé une classe intermédiaire des *gentilshommes de la chambre du roi*, celle-ci, donnée uniquement à des gens de qualité, à des militaires de haut grade, remplaçait les chambellans de Napoléon.

« — Une chambre...

Fut-il répondu, et pas chère.

« — Bon, j'ai ce qu'il vous faut. Une petite chambre sur la rivière, bien proprement accommodée, au troisième, cela vous convient-il?

« — Oui, maître; et le prix?

« — Oh! le prix... je ne suis ni un Juif, ni un Turc, ni un Arabe comme mes confrères les logeurs, je ne pressure pas mes locataires; qu'ils me rapportent l'intérêt de mon argent, voilà tout ce que je leur demande, et trente sous parisis par mois vous paraîtraient-ils au-dessus de la valeur de la chambre?

« — Non, maître, elle les vaut assurément, mais ma bourse eut préféré que vingt-quatre sous vous contentassent.

« — Allons, jeune nymphe, il faut en passer par où vous voudrez. D'ailleurs, je tiens à satisfaire M. Lothaire de Laon. Va donc pour vingt-quatre sols ; et quand viendrez-vous occuper cet échantillon du paradis?

« — Demain, vers le soir...

« — Tout sera prêt : la chambre balayée, nettoyée, parée, les draps au lit, l'eau dans ce beau pot de faïence de Bernard de Pasilly, deux serviettes sur la table, et chaque dimanche des fleurs dans ces carafes de verre bleu... Hein, comment les trouvez-vous?... Superbes ; je le crois bien. Elles ont appartenu à notre reine de seize mois, à cette charmante Marie d'Écosse, alors si enviée et si malheureuse maintenant (1). Claudine, ma chambrière,

(1) Marie-Stuart, reine d'Écosse, fille de Jacques V et de Marie de Lorraine, naquit en 1542, elle épousa François II, roi de France depuis, mais alors dauphin, à l'âge de 5 ans, à sa seizième année le mariage fut consommé; son époux étant mort en 1560 sans enfans, elle revint en Écosse, épousa successivement son cousin Henri Darnley qui périt assassiné, puis l'assassin comte de Bothwel, prisonnière de ses sujets et de son frère naturel

sous par mois, fera votre ménage, vos commissions, et quand elle le pourra et le plus souvent possible vous accompagnera à la messe.

« La donzelle ne dit mot ; puis s'étant recueillie :

« — Je suis de la vraie religion réformée.

« — Tant mieux...... que dis-je ? tant pis ! s'écria le Gascon ; mais non, tant mieux et je m'y tiens, car j'aurai la gloire de ramener à son pasteur cette brebis charmante... Ah çà ! à demain, donc, donnez-vous le denier à Dieu ? c'est le revenant-bon de Claudine.

« La jeune fille posa deux sous sur la cheminée.

— Deux sous ! s'écria la joaillière que son Muwray Douglas, elle se sauva en Angleterre où sa cousine la reine Elizabeth lui offrait un asile devenu bientôt après une prison ; enfin, après dix-huit ans de captivité, elle périt sur un échafaud, le 18 février 1587, pour des faits non prouvés. Son supplice deshonore la cruelle et perfide Elizabeth.

long silence suffoquait ; oh ! ces péronnelles !
l'argent ne leur coûte pas cher à gagner, cela
se voit bien... Continuez, compère ; mais une
femme de bien, une bourgeoise solidement
établie ne peut entendre de sang-froid le récit
de telles prodigalités.

Eloi Coiffaux reprit :

« On ne sait pourquoi maître Massot suivit
d'un rire malin sa locataire, car M. le curé et
vous, mes dignes voisins, vous saurez qu'un
mien neveu, garçon apprenti du Gascon, m'a
toujours rapporté pieusement, vu ma qualité
d'oncle, tout ce qui dans cette maison a frappé
ses yeux ou ses oreilles, et le drôle est rusé ;
oui, Nino Porcher est un enfant de Paris dans
toute la force du terme ; il remarqua en garçon d'esprit que le perruquier, loin de s'occuper, comme il l'avait dit, à faire approprier
la chambre louée, n'y songea point, et en revanche lui et sa Claudine tracassèrent tout ce

soir-là et le lendemain pour nettoyer au mieux l'appartement si noblement meublé du premier étage; on mit dans la lampe de l'huile parfumée, des bougies de couleur dans les chandeliers, et on sema de fleurs les salles où il n'y avait pas de beaux tapis.

« Le sournois Gascon était à son ouvrage, à bâtir une perruque, lorsque la jeune fille reparut. Un Savoyard portait derrière elle, sur des crochets, une malle et deux petits coffres. La survenante s'était chargée d'un sac de nuit volumineux. Aussitôt que Massot eut reconnu sa locataire, jetant à terre son bonnet, il courut vers elle moitié joyeux, moitié chagrin.

« — Ah! mademoiselle, s'écria-t-il, je suis un grand chien, un grand âne, un butor, un insensé..... Oh! mon Dieu, hier, où avais-je ma pauvre tête lorsque je vous ai montré et loué une chambre sur laquelle je suis sans droits. Je vous jure par saint Sernin (1), le saint premier évêque de Toulouse, ma loyale patrie, qu'hier j'avais oublié complètement que ladite pièce appartenait depuis trois semaines et appartient encore au seigneur de Lesparre, capitaine de la compagnie privée de M. de Gontaut; c'est un rude jouteur, comme son terrible maître; il me tuerait par forme d'avertissement, s'il savait que j'eusse mis quelqu'un dans sa chambre, et surtout une jeune fille.

« — Il faut donc que j'aille ailleurs? demanda timidement la jeune fille.

« — Non, certes! mademoiselle, non, vous ne sortirez pas d'une maison que vous avez honorée de votre présence. Le sire de Lesparre

(1) Ou saint Saturnin apôtre de Toulouse, où il est vénéré dans une auguste basilique remplie de monumens curieux du moyen-âge, et sanctifiée par un très grand nombre de reliques précieuses par leur authenticité.

me quittera la semaine prochaine, et l'autre, alors, la chambre sera à vous. En attendant, voici ce que je vous propose : La comtesse de Sancerre a loué à l'année mon premier étage; elle est malade dans sa terre, et de six mois on ne la transportera à Paris ; je peux disposer de son logement, elle m'y autorise et j'en ai les clefs. Je vous y colloquerai pour quinze jours, trois semaines, peut-être quatre ce serait le bout du monde. Là, vous patienterez, je ne vous perdrai pas, et je convaincrai M. le chevalier Lothaire de Laon de ma vénération profonde.

« A ce titre de chevalier, la jeune fille rougit, son sein s'agita, puis elle baissa la tête pour mieux cacher ses larmes. Le barbier, en homme plus instruit qu'il ne le paraissait, se tut, lui aussi, ne questionna point, et ayant appelé sa servante, monta avec elle et l'étrangère pour introduire celle-ci dans l'appartement qu'elle occuperait sans l'avoir loué.

La magnificence de ces quatre salles et des cabinets étonna la jeune fille, qui déclara que jamais elle ne prendrait possession d'un tel palais, dont, ajouta-t-elle, le loyer dépasserait ses facultés.

« — Il ne vous coûtera pas un denier au-delà de nos premières conventions. Je me suis, dit le barbier, je me suis engagé à vous loger pour le prix et somme mensuelle de vingt-quatre sols parisis, que nos conventions s'exécutent. Une force majeure me défend de vous livrer ce qui est à vous, il est de mon devoir de vous en dédommager : je le fais comme je peux. Ne vous tourmentez plus de rien et jouissez d'un bien-être que la Providence vous concède momentanément.

« La jeune fille, bien que ceci l'étonnât, voyant d'ailleurs la nuit approcher, sachant que son protecteur, ce *seigneur respectable*, tarderait peu à venir la voir dans cette maison où il la savait établie, se détermina, faute de mieux ou de conseil habile, à accepter l'offre du propriétaire, et elle prit possession des lieux, en disant au Savoyard de déposer là, et en outre des deux coffres, l'ample et lourde malle qui par le bruit sourd qu'elle rendit, annonça que tout l'avoir de l'étrangère était dans son sein.

« Sur ces entrefaites, un nouvel acteur parut en scène, poursuivit l'armurier, qui par la tournure de sa phrase décela l'ancien habitué des représentations des moralistes batifollogos et scènes pieuses et tragiques des confrères de la Passion ; ce fut Claudine qui, son ballet à la main et s'adressant à la jeune fille :

« — Mademoiselle aura souvent besoin de mon activité dévouée, dit-elle, et si on me demande les heures où elle voudra recevoir, à quel nom reconnaîtrai-je que je dois monter au premier étage pour y chercher la réponse.

« L'interpelée rougit provisoirement, se troubla, frémit même, puis se remettant :

« — Peu de personnes viendront à moi, et à part mon frère maintenant en voyage, ma solitude ne sera troublée que par un bon vieillard qui m'apprend la grammaire, les belles-lettres, la musique, et par mon protecteur...

« Elle hésitait, et le Gascon avec audace prenant la parole :

« — Ah! oui, ce seigneur respectable.

« — Oui, maître, et lui, ainsi que M. Ronsard (1), demanderont Marie Touchet, ouvrière brodeuse.

« — C'est bien, très bien, reprit Massot, on saura dorénavant à qui on parle. Quant à

---

(1) Pierre Ronsard, né à Vendôme en 1524, mort en 1585, poète célèbre dans son temps, à qui on croyait une renommée sans borne, et dont on ne connaît aujourd'hui que le nom; Jacques V roi d'Écosse, François Ier, Henri II, Charles IX, le comblèrent des marques d'une estime affectueuse.

moi, je me nomme maître Massot à vous servir, cette péronnelle a reçu de Dieu et de sa marraine le nom de Claudine. Vous la payez (il insista sur ce mot), elle doit vous obéir en tous vos commandemens.

« — Je suis accoutumée à me servir moi-même.

« — A propos, et votre nourriture ?

« — Je l'apprête.

« — Eh bien ! Claudine encore vous aidera. D'ailleurs, il y a mieux à faire : J'ai bon appétit, mes trois apprentis m'imitent, cette drôlesse a la faim canine ; il en résulte que notre ordinaire est copieux ; vous devez vivre à la manière des serins, et je me chargerais pour deux sols par jour de vous faire une chère splendide.

« Bien que ce prix des comestibles ne fût pas au taux de ce jour, Marie Touchet ne demeura pas moins étonnée de la proposition du perruquier ; elle se taisait, et Claudine alors :

« — Acceptez, acceptez, dit-elle, il y gagnera la moitié.

« — Eh bien ! soit, répliqua Marie ; mais j'y mets une condition, je mangerai toute seule.

« — Je n'ai point pensé à vous faire attabler avec mes gaillards. Les jeunes filles isolées, bien que sous la protection de seigneurs respectables, perdent toujours à fréquenter les garçons. Il est convenu qu'avant le dîner commun, Claudine vous portera votre pitance, et par ma foi, vous vous servirez de la vaisselle et des ustensiles de la comtesse de Sancerre.

« Marie Touchet, puisque c'est le nom de la donzelle, accepta tout et laissa faire. Voilà trois mois qu'elle loge dans le bel appartement ; elle ne se doute pas que chaque jour un des meilleurs rôtisseurs de la rue de la Huchette (1)

(1) La rue de la Huchette jusqu'à la révolution n'était

envoie dans un panier solidement clos et cadenassé, le fin, petit et exquis dîner qu'elle croit commun au perruquier-barbier et à ses commensaux. Elle ne va ni à la messe, l'impie qu'elle est, ni à la promenade, ne visite personne; elle respire l'air sur l'un de ses deux balcons, se lève de bonne heure, se lave, s'attife avec soin, passe la journée à lire, à broder ou à chanter; tous les soirs son maître précepteur vient lui donner une leçon : elle écoute et dit-on profite, et ce M. Ronsard est très satisfait de ses progrès, du moins l'a-t-il assuré à maître Massot, qui semble plutôt le majordome de la jeune ouvrière que le propriétaire de sa maison.

« — Et la plus belle encore du Pont-au-Change et de la rue de la Barillerie, ajoute avec un profond soupir la signora Bertinelli.

habitée que par des rôtisseurs qu'attirait le voisinage du marché aux volailles, au *quai des Augustins* dit aussi *quai de la Vallée.*

« — Mais quel est ce M. Ronsard? dit le joaillier, on ne connaît pas ce nom-là au parloir des bourgeois.

— « C'est, dit le curé, le premier poète de France.

« — Un poète répéta l'armurier, est une charge nouvelle de l'armée. Porte-t-il une pertuisane ou une arquebuse? la longue dague ou la petite épée?

« — Vous verrez, se mit à dire Bertinelli, que ce sera quelque fripon et dur traitant...

« — Un poète, poursuivit messire Leclaude, c'est celui qui ne devrait chanter que les louanges de Dieu, les merveilles de la création, et qui, au contraire, profane son talent à écrire des hymnes licencieuses, à faire des vers d'amour.

« — Ah! j'y suis, dit maître Coiffaux, c'est un faiseur de chansons de tendresse et de table.

« — Oui, il fait des devises pour nos bonbonniers de la rue des Lombards, répondit la signora Bertinelli; mais cela doit être un métier profitable, on paie les vers quinze sols le mille.

« — Voyez ! s'écria l'armurier, entraîné toujours par son caractère jaloux ; tant d'argent jeté en superfluités.

« Mais laissons cela, mon compère, dit la joaillière, et achevez de nous conter ce que vous savez et faites-nous voir enfin le roi de Navarre selon que vous nous l'avez promis.

«Une aussi jolie personne établie dans la maison du barbier, si par sa réserve n'inspire dans le quartier qu'une médiocre curiosité, devint un vrai trouble-fête au lieu qu'elle habitait. Deux des trois garçons de Massot s'avisèrent de s'amouracher d'elle, mon neveu Pierre Boucher, malgré les injonctions de la mère qui lui avait tant enjoint de n'aimer que sa femme et chère épouse future, fut le premier, et il disait naïvement que c'était son droit puisqu'il était l'ancien dans la maison. Le second fut ou mieux est, car cette belle amourette dure encore, le plus jeune des garçons, un presque tête de flamme et à cœur d'or, aimé de ses camarades, de son rival même, qui le nomme Clair Léchard, compatriote du roi de Navarre, huguenot renforcé, ce drôle joue du bâton comme s'il était de Caen, et fait des armes.... il m'a surpris, et pourtant je connais de bons espadonniers.

« Ces deux imbéciles, épris de l'ouvrière en broderie, rôdent autour d'elle sans parvenir à lui parler. Claudine se refusant à les servir, et deux fois par semaine, les jours où le maître de grammaire et de musique ne vient pas, un homme, soigneusement caché sous un masque, un vaste chaperon, une cape à l'espagnole, ne manque pas de venir voir cette Marie Touchet; hors, savez-vous quel il est?

« Non répondit le maître.

« Eh bien, je suis ou mieux instruit ou plus habile : c'est le roi de Navarre.

« Le roi de Navarre, s'écrièrent les Bertinelli.

« — Vous êtes dans l'erreur, mon honnête paroissien, repartit le curé : Henri de Bourbon n'est pas libre de ses mouvemens, gardé à vue, emprisonné réellement, lui serait-il permis aussi souvent de sortir du château de Vincennes où il est détenu auprès de la cour, d'aller à sa fantaisie courir les champs, et cela, afin de contenter une nouvelle maîtresse. Serait-ce la mère de sa propre femme, Catherine de Médicis, qui aiderait à cet adultère? non, non, et cent fois non.

— Compère, dit à son tour l'armurier, vous avez tort, et messire Laurent-Onésime Leclaude a raison.

— Et qui, s'il vous plaît, autre que S. M. navarroise, fournirait à la dépense folle que nécessite une pareille intrigue? Qui a payé la maîtresse parisienne du barbier gascon? qui a fourni la somme que coûte sa maison? qui a garni le premier appartement de ses meubles?

— Vous en parlez toujours, interrompit la signora Bertinelli, comme si le Louvre n'était pas aussi beau...

— Dam!...

— Et notre grande chambre de parade.

— Que vous a-t-elle coûté à meubler?

— Douze cents livres tournois, maître Coiffaux, oui, tout autour... aussi, quelle cheminée! et le lit, et les coffres, et les cabinets, les rideaux, les portières...

— Eh bien, dona Bertinelli, si votre chambre de parade revient à douze cents livres ou livres de francs, l'appartement de cette donzelle, en colifichets, tentures, ivoires, tableaux, ciselures, etc., vaut au moins quarante mille livres de bon argent.

— Ohimé dit la Bertinelli en cachant son visage dans ses mains :

— Il y en a là pour mourir de confusion, ajouta la dame.

— Que de pauvres prêtres, que de malheureux laïques seraient secourus avec cette profusion indécente, dit à son tour messire Leclaude.

« — Et maintenant, poursuivit l'armurier qui s'était grandi de trois pouces, à tel point la satisfaction de l'étonnement des auditeurs le transportait, douterez-vous que le roi de Navarre fasse cette dépense ?

« — Pour jeter l'argent par la fenêtre, pour être prodigue démesurément, répondit le curé, on n'a pas besoin d'être roi. Toute la cour est remplie de seigneurs puissans et riches dont le garde-meuble est bien fourni ; ils sont capables de s'amouracher d'une jolie mine ; le démon les pousse bien souvent vers cette manière d'abîme, et à moins d'avoir vu Henri de Bourbon de mes propres yeux entrer chez le barbier, je douterai de votre assertion.

« — Oh ! alors, ce que vous voulez douter de la lumière, de l'air et de la virginité de sainte Geneviève, questionnez mon neveu, il vous dira : Ah ! je gage que le gendre de la reine-mère est le galant de cette petite grisette, et la morale, la religion, les bonnes mœurs voudraient la rupture de cette intrigue.

« — Si elle est vraie, dit Bertinelli en échangeant avec sa femme un rapide regard que l'armurier néanmoins surprit au passage, il y aura des âmes charitables qui avertiront la grande Catherine des débordemens de son gendre.

« — Ceux-là auront tort, répliqua le curé paisiblement, ils aideront au scandale, et

Jésus-Christ dit plus coupable celui qui répand ce scandale que celui qui le fait naître.

La conversation, pendant plusieurs minutes encore, roula sur ce thème intéressant, mais un grand bruit s'étant fait entendre dans la boutique, les deux Bertinelli y coururent pour recevoir et répondre aux commandes et aux fantaisies du signor Albert de Gondi, maréchal de Retz, parent de la reine-mère, l'un de ses confidens, et à qui on reprochait la saint Barthélemy qui, suivant certains, aurait été son ouvrage et celle du maréchal de Tavannes.

Gondi aimait les Bertinelli, bien que ce fussent des Milanais, leur qualité d'Italiens leur valait cette préférence; bien souvent, d'ailleurs, il avait rapproché la reine-mère du joaillier, ou porté de l'un à l'autre des paroles mystérieuses. On voyait très peu Bertinelli ou dans les antichambres du Louvre, ou dans les corridors des petits appartemens; mais en revanche il assistait à tous les conciliabules, rassemblemens, aux réunions des bourgeois; il savait par ses ouvriers nombreux, tous Romains, Siennois, Florentins ou Milanais, ce que l'on agitait dans les castes intérieures; il donnait à dîner de temps à autre aux curés de la Cité ou des paroisses voisines. Il était donc rare qu'il ne fût pas instruit le premier du moindre évènement, du plus léger bruit; les murmures, les plaintes, les tendances à la révolte, tout, dis-je, parvenait au joaillier, qui en sujet fidèle, et sachant combien S. M. aimait à être informée de tout cela, savait le moyen positif, rapide surtout, de le verser dans son sein avant que le reste de la cour et de la ville en eussent appris le premier mot.

L'habileté italienne était si industrieuse, que nul à Paris, à part l'armurier, ne soupçonnait ce rapprochement intime. Maître Éloi Coiffaux, à force de voir de près ses bons voisins, d'examiner leurs mouvemens, de suivre leurs regards, était parvenu à comprendre l'importance d'une pareille protection. Jaloux de ce crédit, l'envie le dévorait; mais ambitieux subalterne, désireux de parvenir aux honneurs du quartier, il reconnut que l'appui des Bertinelli tarderait peu à l'y faire arriver. Dès lors il les voyait souvent, leur avait donné à tenir son nouveau-né, ne manquait pas à leur fête de leur présenter un bouquet accompagné d'un vaste gâteau aux pistaches, flanqué de deux bouteilles, soit de Muscat, de Lunel, soit de bonnes liqueurs achetées dans la rue des Lombards.

Il résulta de ces flatteries multipliées et permanentes, que l'armurier avait ses entrées de droit dans la maison Bertinelli, qu'on l'y qualifiait de compère, que souvent il accompagnait la dona, soit à la messe, soit à la promenade au Pré-aux-Clercs ou sur le terrain de Notre-Dame. Chaque dimanche il dînait avec la famille, et l'on invitait sa femme dans les grandes occasions; mais jamais on ne parut avoir compris ses insinuations nombreuses; on ne lui témoigna le désir de l'aider dans ses tentatives d'orgueil, et ne lui laissa-t-on entrevoir que l'on pouvait faire ce que l'on ne faisait pas pour lui.

III.

L'amant devenu Protecteur.

<blockquote>Il y a de hauts cœurs où une corde pincée à propos, fait vibrer une bonne action.</blockquote>

Marie Touchet ne se doutait pas que les habitans du Pont-au-Change s'occupassent d'elle, et moins encore que son logis d'habitation renfermât deux jeunes aspirans à ses bonnes grâces. Quand je dis deux, j'aurais dû dire trois, car un troisième soupirant allait tarder peu à se déclarer. C'était le seigneur Hugues de Lespare, fier châtelain allié aux grandes maisons de Guienne, aux Goths, aux Armagnacs, aux Damas, aux barons de Langon, aux Pardaillans, aux Lomagne, aux d'Auvilars. Jeune, beau, fier, il avait pris d'abord la brodeuse pour une grande dame, vu le luxe de son appartement, mais Claudine lui ayant conté la vérité, il se détermina à commencer la guerre, dressa son plan de campagne et essaya des hostilités.

Une après-dînée que la jeune fille travaillait dans la salle à manger dont elle avait fait son atelier de broderie, on heurta à la porte.

— Entrez, dit-elle sans réfléchir, croyant que ce pouvait être Massot qui employait toujours cette forme respectueuse.

Ce n'était pas le bon étuviste-barbier, avec son nez rougeaud, ses joues avinées, ses yeux gros et saillans, ses pommettes élevées et sa physionomie riante, c'était un gentilhomme de haute stature, aux beaux yeux noirs, à la chevelure d'ébène frisée naturellement; il avait un air noble, impérieux; la bouche petite, rosée, les dents blanches, bien rangées, des mains mignonnes, et néanmoins parées de ces veines qui dénotent la force, un pied de femme, en un mot c'était un cavalier gracieux, élégant, de bonne compagnie : accoutumé aux conquêtes, les multipliant par désœuvrement et leur préférant, soit un rendez-vous de duellistes, soit une campagne dans les armées francaises.

Le sire de Lespare avait de l'esprit naturel à défaut d'instruction; il était audacieux, téméraire, arrogant, mutin et persiffleur, issu de haut lieu, il se sentait fort du grand monde et n'aspirait qu'à épouser une fille des premières maisons du royaume; mais si sa main ne devait s'unir qu'à une femme son égale ; il était facile en amour et ne croyait pas descendre en portant ses vœux, là où la beauté anoblit.

Marie lui plut, il voulut lui plaire, il ne douta pas de l'emporter sur ses rivaux ; cependant, habile dans l'art de surprendre, il comprit qu'il ne fallait pas attaquer en vainqueur ; déjà favorisé par la victoire, interprétant à bien la surprise de l'ouvrière, il vint à elle délibérément, mais sans regards ni gestes suspects.

« — Gente fillette, dit-il, j'ai appris que dans cette maison habitait une brodeuse intelligente, et j'ai cru devoir au sentiment de bienveillance qui nous porte vers nos voisins, vous offrir un travail difficile, mais qui, si vous le réussissez en fera d'autant mieux ressortir votre mérite ; j'ai une sœur unique, une sœur objet de ma tendre amitié, la mode à la cour, est de mettre dans les aumônières, avec la bourse et le drageoir (boîte à bonbons) un mouchoir de nez magnifiquement brodé et bordé d'une dentelle de Bruxelles ; j'aurais envie de donner à ma sœur six de ces mouchoirs à dessins variés et aussi beaux que possible.

A mesure que le sire de Lespare parlait, l'émotion et la crainte que sa présence avait inspirées à Marie, disparaissaient; car un si superbe cavalier l'avait d'abord effrayée, maintenant que sa visite s'expliquait si naturellement par le voisinage et le travail; elle, charmée d'étendre ses pratiques, accueillit avec une expression reconnaissante l'habile gentilhomme, et lui répondant entra dans une foule de détails appropriés au genre de travail que l'on réclamait d'elle.

« — Par saint Pothin, dit le sire, j'ignore toutes ces choses-là, je serais très embarrassé de vous exprimer mon goût et mes idées, faites les six mouchoirs, achetez vous-même l'étoffe de soie nécessaire, dictez les couleurs des ornemens comme vous l'entendrez, seulement le titre est celui de comtesse, et son nom commence par un S, son prénom par un A; elle s'appelle la comtesse Adélaïs de Sancerre, voyez cet S et cet A convenablement, surmontez-les de la couronne comtale.

« — La comtesse de Sancerre ! répéta tout haut et involontairement la jeune ouvrière.

Le sire de Lespare remarqua cet étonnement.

« — Ma sœur vous serait-elle connue, demanda-t-il?

« — Non, messire, mais il me semble...

« — Quoi?

« — Ne loge-t-elle pas ici lorsqu'elle vient à Paris ?

« — Ici! répéta lui aussi le fier seigneur,

ici, non, mon enfant; si grande dame ne se contenterait pas du logement d'un baigneur... mais en vérité, poursuivit-il en examinant avec le plus d'attention le luxe de cette salle, je ne présumais pas que notre Gascon eût des meubles aussi beaux.

« — Les autres chambres sont encore mieux ornées, dit encore non Marie, mais la vanité féminine à qui elle céda.

« — Voyons.

Et aussitôt, avec cette hardiesse commune aux supériorités sociales de cette époque, il ouvrit la porte de la chambre à coucher.

« — Par saint Pothin! s'écria-t-il, c'est un diminutif du Louvre. Quel hôtel royal notre barbier a-t-il dévalisé pour accommoder ainsi sa maison caduque. Je suis jaloux que tant de belles choses se soient arrêtées au premier, et que ma chambre n'ait rien eu de ces magnificences et celle-ci appartient.....

« — La comtesse de Sancerre... balbutia Marie.

« — Ah! oui, parlons d'elle, reprit le sire de Lespare qui se méprit au sens de l'exclamation; tenez, ma charmante voisine, voici deux écus d'or pour commencer les achats de l'étoffe et des fils d'or, d'argent et de soie, je vous en apporterai quatre fois autant... Sera-ce assez payer l'ouvrage?

Quoique la soie fût très chère à cette époque, la somme promise par le sire de Lespare dépassait tant les prétentions de la brodeuse, que son cœur en fut ému, cependant sa probité sévère ne lui permettant pas de faire un gain aussi énorme:

« — C'est trop, monsieur, trop de moitié, dit-elle, en payant les six mouchoirs trois carolus d'or; j'y ferai encore un honnête bénéfice.

« — Ah! jeune fille, dit Lespare, vous avez le cœur aussi beau que le visage.

« — Des chrétiens ne doivent pas rechercher les richesses illicites.

« — Vous êtes de la religion de Calvin, je le reconnais à vos paroles.

« — La saint Barthélemy m'a coûté un père, répondit Marie. Et elle pleura.

« — Votre père mort de la main de ces monstres!.. comme le mien... Du moins, il vous reste une mère?

« — Elle mourut en me donnant le jour.

« — Ainsi, orpheline, et votre père?... parlez-moi de lui... Le mien n'est donc pas seul à venger...

« — Simple soldat dans la compagnie du baron de Castillon...

« — Qu'entends-je? s'écria le sire de Lespare à son tour et vivement ému; votre père servait dans la compagnie du mien, ne me dites pas son nom, je le devine; un soldat le plus brave, le plus fidèle; il aurait pu se sauver, il resta dans la pensée qu'il préserverait son chef et au moment dernier, il l'enlaça si bien dans ses bras qu'il fallut le tuer d'abord avant de toucher le baron de Castillon...

« — C'est vrai, reprit Marie, c'est bien là réellement ce qui s'est passé.

« — Alors il se nommait Paul-Bonaventure Touchet.

L'abondance des sanglots et des larmes que versa la jeune fille, ne lui permit de répondre autrement que par un signe approbatif. Le sire de Lespare alors :

« — Allons, mon enfant, voici ce qui va arriver de cette explication. J'étais entré ici pour admirer de plus près une jolie fille, j'en ressortirai avec une sœur de plus. Dieu est témoin que j'ignorais le fait important du mariage de Touchet. Si j'eusse cru qu'il laissât une famille, je l'aurais recherchée pour le remplacer auprès d'elle. La Providence m'a conduit par la main... A propos, permettez-moi de toucher la vôtre, que ce soit le gage du sentiment fraternel qui nous guidera désormais.

La singularité de cette aventure, le souvenir douloureux qu'elle renouvelait, la généreuse conduite du noble Lespare, touchant Marie à tel point, que dès que sa main eût été en contact avec celle du chevalier, elle pencha sa tête et baisa à deux reprises celle qui lui était offerte si franchement.

« — Mademoiselle, dit le jeune homme, est-ce que vous vous croyez encore mon inférieure? Le sang de nos parens a été tellement mélangé l'un avec l'autre, que les distinguer ensuite eût été difficile. Eh bien, que nos cœurs, que nos rangs se confondent!... je serai toujours flatté d'avoir pour seconde sœur une aussi ravissante créature... Mais votre frère maintenant où est-il?

« — Je... je l'ignore, répondit Marie en hésitant.

« — Quoi! il ne serait pas pour vous ce qu'il devrait être?

« — Robert, répliqua-t-elle, a un cœur de roi, mais sa jeunesse le trouble et l'égare; il a écouté de mauvais conseils... il reviendra bientôt de ses erreurs.

« — Êtes-vous brouillés?

« — Oh! non... Il n'est pas à Paris, il voyage. Monseigneur de Guise se sert de lui.

« — Que Guise emploie le premier venu, cela peut être, mais que le fils de Paul-Bonaventure Touchet consente à servir un tel maître... Votre frère a donc abjuré?

« — Dieu l'en préserve!... Cependant, comme vous le dites, il sert un catholique... Hélas! messire, qui peut commander aux inclinations de notre cœur?

« — Et vous dites qu'il voyage, dit Lespare sans avoir écouté la fin de la réplique de Marie, est-ce en Espagne, en Allemagne, en Angleterre, en Italie?

« — C'est encore plus loin, oui, beaucoup plus loin... en Pologne.

« — Là ou règne Henri, ce frère de Charles IX, ce détestable instigateur de la saint Barthélemy, votre frère messager entre le roi de Pologne et le duc de Guise... Que se passe-t-il... je l'ignore.... Ma petite sœur, reprit le baron de Lesparé avec plus de gaîté que précédemment, croyez-vous qu'à son retour votre frère vienne vous voir?

« — Je serai la première qu'il voudra embrasser, oh! je vous le répète, sa tête est légère, son cœur est bon.

« — Eh bien, vous me préviendrez de son arrivée; je veux le voir, je lui parlerai, je réveillerai en lui les sentimens de ses devoirs, et s'il veut être pour moi ce que son père était pour le mien, nous n'aurons qu'un lit (1), qu'une dague, qu'une âme... Quant à

(1) A cette époque, et pendant plusieurs siècles anté-

vous, pardonnez-moi, j'étais entré ici espérant plaire à une jeune fille, j'en sortirai plein de respect et de tendresse pour ma nouvelle sœur. Bonsoir, Marie, j'ai moi aussi des devoirs à remplir. Mon roi mon maître est dans les fers ; je mourrai ou je le rendrai à la liberté et à la vie. Voyez ma confiance en vous... se méfie-t-on d'une sœur chérie... adieu.

Le sire de Lespare salua respectueusement Marie, et s'en alla rempli de sentimens différens de ceux qui le conduisaient quand il s'était présenté, mais si son honneur délicat mettait dorénavant une barrière infranchissable entre la jeune fille et lui, s'il lui avait fait le serment de la regarder comme sa sœur, il

rieurs, ont manifesté son amitié, sa confiance, sa considération, en couchant avec la personne qu'on voulait bien traiter ; les lits étaient énormes, souvent deux amis couchaient avec la femme de l'un d'eux ; les rois eux-mêmes s'étaient soumis à cet usage véritablement chevaleresque.

ne rendait pas moins hommage à sa vertu, à sa loyauté, à ses charmes. Il s'étonnait de la voir si pure et si belle, comme aussi de la trouver loger avec autant de luxe. Ceci l'intriguait, et impétueux selon son habitude, il voulut sur-le-champ éclaircir ce point obscur dans la vie de Marie Touchet.

En remontant chez lui, il rencontra Claudine qui balayait l'escalier, et après l'avoir baisée au front, car celle-ci était également charmante, trop bien élevée, d'ailleurs, pour mettre de la conséquence à l'hommage d'un noble seigneur, elle essuya son front en riant, descendit vite, et alla transmettre au propriétaire le désir que le sire de Lespare avait de lui parler sur-le-champ.

Massot connaissait de longue main la haute naissance de ce seigneur; il était, comme lui, dévoué de cœur au roi de Navarre. Il crut que le sire Hugues de Lespare avait à lui parler d'un certain plan qui les occupait tous deux, aussi, le voilà qui, faisant signe à son troisième garçon de venir le remplacer, laisse à demi savonné un gros bénéficier de Notre-Dame. Ce brave ecclésiastique tenait tant à la moindre parcelle de son individu, qu'à l'aspect de Clair Léchard, il se ressouvint que ce Basque, pour son coup d'essai, lui avait enlevé un morceau de son oreille et légèrement ôté le bout de son nez; aussi, lorsqu'il le vit s'approcher, il posa précipitamment ses mains sur les parties jadis endommagées, et d'une voix de tonnerre, affaiblie néanmoins par la peur :

« — Où vas-tu, mon cher? lui cria-t-il, penses-tu que j'aie des membres de rechange.

« — Ah! maître Nicolas Marlet, repartit le jeune homme, voilà beaucoup de bruit pour bien peu de chose; on dirait que vous avez perdu ce que je vous avais enlevé; n'est-il pas vrai que je vous ai remis en mains le bout d'oreille et le morceau de nez que vous regrettez tant. D'ailleurs, il y a quatre mois que ce désagrément m'arriva ; aujourd'hui, j'ai les doigts légers, le poignet sûr, et à moins que le hasard malencontreux fasse tomber sur votre gorge mon rasoir, et ne vous en coupe la luette comme c'est arrivé à un valet du duc d'Alençon la semaine passée.

Cette manière de rassurer augmentant la terreur du chantre, il fallut lui procurer un autre garçon auquel, néanmoins, il ne livra son menton qu'en tremblant.

Pendant que ceci avait lieu dans la boutique du barbier, lui-même étant parvenu dans l'appartement du sire de Lespare, composé de deux pièces, y trouva celui-là debout, se promenant à grands pas, ayant l'air sinon inquiet, du moins préoccupé. Le jeune seigneur, revenant à soi, commença un long, un ardu interrogatoire sur Marie Touchet.

« — Hélas! messire, dit le perruquier qui se trouva pris par son côté faible, ma connaissance date avec cette fille du jour où elle est entrée chez moi.

« — Mais pourquoi ce logement somptueux?... c'est une ouvrière... possède-t-elle assez de revenu pour payer seulement la location de ces meubles si riches où le luxe déploie sa pompe.

« — Oh! pour ceci, repartit en souriant le maître des notes, le mobilier qui étonne votre seigneurie ne coûte pas une obole à votre protégée. Nouvellement, une grande dame a pris plaisir à le faire arranger pour elle; son absence se prolonge, et moi, dans l'intervalle et afin de m'aider à passer le temps, j'y ai établi la petite fille, qui garde les belles choses sans les endommager. L'air de la rivière répandait dans ces pièces une odeur moite, nauséabonde, je n'ai pu mieux faire que de changer cette solitude et de la faire habiter par cette bonne et gracieuse enfant.

C'est une manière de ne pas mériter les reproches de ses locataires, que de s'énoncer ainsi; il en serait par le fait rien arrivé que d'agréable, mais le diable veille autour de nous, et cette fois, plus malin que le Gascon, il souffle au sire de Lespare la question naturelle : Quelle est cette dame si riche et qui aime tant les curiosités de l'antiquité et de la nouvelle Italie?.

« — C'est en effet, reprit Massot en se rengorgeant et sans penser à ce qui allait lui advenir tout-à-l'heure, c'est par le fait une très haute et très puissante dame que la comtesse de Sancerre.

« — Que dites-vous, barbier? repartit le baron Hugues avec autant d'impatience que de hauteur, depuis quand, la comtesse de Sancerre qui possède un si bel hôtel dans la rue Saint-Antoine, a-t-elle voulu avoir un appartement de plaisance sur le Pont-au-Change, en fine compagnie des marchands?

« — Qui peut lire au fond des fantaisies capricieuses des dames de la cour? repartit Massot étourdiment et en s'enfonçant de plus en plus dans son nouveau labyrinthe sans le secours d'une autre Ariane pour s'y guider.

« — Par saint Pothin! s'écria le sire de Lespare dont les yeux s'animèrent d'un courroux violent, oseras-tu soutenir, méchant larron et traître, que ma sœur Adélaïs se jette dans le vice et dans la débauche.

« — Qui parle de votre sœur, messire? de votre sœur que je respecte...

« — Tu lui en donnes la preuve, vil misérable que je vais faire mourir sous le bâton, reprit le sire de Lespare de plus en plus irrité. Quoi! scélérat! tu oseras soutenir que ma noble, ma vertueuse sœur, qui possède dans la rue Saint-Antoine l'un des beaux hôtels de Paris, aurait choisi ta méchante bicoque pour y établir un appartement secret.

« — Eh! monseigneur, qui vous a fait ce conte?

« — Une jeune fille naïve... celle que, pour te perdre sans doute, tu as perfidement logée dans la demeure prétendue de ma sœur...

A cette révélation qu'il n'était pas possible de reculer, Massot pâlit, ses muscles se crépidèrent, il blémit un moment, puis essayant de sourire :

« — Sire, dit-il, croyez-moi. Tous les secrets d'état ne sont pas renfermés dans l'enceinte du Louvre; ne vous occupez pas de cette jeune fille, laissez-la sans même faire attention si elle se trouve sur votre chemin; son protecteur a les mains longues et fortes... Oui, au nom de Dieu et en vertu de l'intérêt que je vous porte, si elle vous a plu, imaginez qu'elle est toute semblable à Satan.

« — J'admire, repartit le sire Hugues de Lespare en cachant sous une indifférence apparente la curiosité qu'amassait en lui les paroles mystérieuses du barbier, j'admire avec quelle adresse, méchant Gascon, tu éludes de me répondre; n'as-tu pas dit à Marie Touchet, (tu vois que je sais son nom), qu'elle habiterait l'appartement de la comtesse Adélaïs de Sancerre.

« — J'avoue qu'ayant besoin du nom pour donner à un mensonge l'apparence de la vérité, j'ai pris le premier nom que ma mémoire m'a présenté, et comme votre maison est celle que j'estime par-dessus toutes les autres...

« — Tu n'as pas mieux trouvé pour la déshonorer; mais je ne suis pas ici pour supporter tant d'insolence, maître drôle, et je vais ou vous rouer de coups, ou vous conduire par l'oreille devant la brodeuse, afin que tu lui avoues ta coquinerie.

« — Soit! monseigneur; mais le mal est fait... cette créature est si simple, si naïve, qu'elle n'a pas vu de mal à ce que votre illustre sœur logeât chez moi. La pauvre enfant ne connaît aucune des malices de son sexe...

« — Tu as compromis ma sœur...

« — Eh bien, qu'à cela ne tienne!.. je la rendrai plus blanche que la neige... j'en ferai un ange du paradis... je dirai que ma langue a tourné, et qu'au lieu du mari j'ai nommé la femme.

« — Mais le comte de Sancerre a épousé ma sœur.

« — Voici cinq ans qu'il repose dans un somptueux mausolée; sa noble veuve n'en a pas eu de postérité... il n'est plus votre parent. Allons, monseigneur, que vous fait que le feu comte de Sancerre soit ou non mon locataire depuis son décès.

L'impudent Gascon, par son audace, désarma le sire de Lespare qui, d'ailleurs, connaissant les qualités du barbier et son dévoûment au jeune roi de Navarre pour lequel, à cette heure, ils tramaient ensemble un complot, ne voulut pas le pousser à bout ; il se contenta de murmurer entre ses dents les mots de *drole, insolent* perruquier, *ruffiant,* et autres épithètes indifférentes à la philosophie de Massot.

Cependant le baron Hugues crut devoir lui raconter ce qui s'était passé, comment il était entré d'abord chez la brodeuse pour y passer une joyeuse vie, quelle reconnaissance s'en était suivie, et comment, dorénavant, Marie Touchet l'aurait eu premier protecteur.

« — Hum ! dit entre ses dents le Gascon, voici une péronnelle qui n'est pas malheureuse ; les amis puissans lui tombent du ciel... elle ira loin.

Puis élevant la voix, il s'excusa sur ses devoirs de rasoir et de lancette qui le ramenaient à sa boutique, il demanda, avant de partir, au sire de Lespare, s'il n'avait aucun ordre à lui donner.

« — Fais monter ton apprenti, le jeune Basque, Clair Léchard, et puis prépare une forte provision de fallace, car tout ce que j'ai à régler avec toi au sujet de Marie Touchet n'est pas clos.

Massot, charmé de la suspension d'une conversation embarrassante, ne se fit pas répéter deux fois qu'il pouvait partir; il salua le fier seigneur, et descendit rapidement la montée.

Le baron Hugues, demeuré seul, se promena dans sa chambre et se laissa aller tellement à ses réflexions, qu'il ne fit pas attention au retard que le Gascon mettait à lui envoyer son ouvrier. Il rêva de Marie, de sa figure charmante, de sa naïveté, et pourtant, disait-il, elle n'est pas pure, c'est que tout me le prouve... Un amant, un riche profanateur de ses charmes, de son innocence, qui la loge ainsi somptueusement, à entendre l'hôte, ce doit être un de nos principaux seigneurs de la cour... Serait-ce Thavannes, d'Effiat, de Retz, Montmorenci ?.. peut-être l'un des Guises... le très jeune Mayenne.....

Son monologue fut interrompu par les sons d'une guitare pincée par une main peu savante, mais qui ne servait qu'à accompagner une voix si pure, si flexible, que bien qu'elle manquât d'usage et de goût, elle n'en était pas moins charmante. C'était celle de Marie Touchet. La jeune fille, assise sur le balcon de son cabinet de travail, ouvert du côté de la rivière, chantait une chansonnette simple et gracieuse comme elle.

RESIGNATION.

Soleil d'automne
Doux et riant,
Fruits de la tonne
Fleurs d'Orient,
Femmes jolies,
Franches folies,
Vives saillies,
Tendres amis ;
Voici la vie,
Qui m'est ravie :
Je pars soumis.

Tant frais bocages,
Vifs oiselets,
Vermeils pacages,
Purs ruisselets,
Joyeux délire,
Où je crus lire,
Chant de la lire,
Bonheur promis ;
Voici la vie,
Qui m'est ravie.
Je pars soumis.

C'était un rêve,
Il doit finir ;
Le jour se lève,
C'est l'avenir.
Peines amères,
Gentes chimères,
Jeux éphémères ;
Devoirs remis ;

Voici la vie,
Qui m'est ravie :
Je pars soumis.

En vain encore,
Malgré mes pleurs,
L'amour colore
Mon front de fleurs;
D'un doigt prophane,
L'hiver les fane.
O chère Orfane,
Et j'en gémis;
Voici la vie
Qui m'est ravie :
Je pars soumis.

Un sort paisible
Va m'être offert;
Fier et sensible,
J'ai trop souffert.
Sous un vieux chêne,
L'heure prochaine
Rompra ma chaîne;
Point n'en frémis;
Voici la vie
Qui m'est ravie :
Je pars soumis.

IV.

Les Apprentis.

> Presque toujours, et par contraste, à côté d'une âme perverse et vicieuse, la nature en place une généreuse et ferme.

Marie, depuis un peu de temps, ne se faisait plus entendre, et le sire de Lespare était encore à l'écouter, lorsqu'un bruit qui s'éleva à la porte de sa chambre, le retira de son enchantement. Ayant retourné la tête avec promptitude, il aperçut le jeune apprenti, et aussitôt et en rougissant, il se recula de la fenêtre, comme si à Paris c'eût été un crime que de prendre l'air. Le survenant s'approcha. Il portait des culottes larges et retombant sur des manières de bottes molles, de cuir fauve; une soutanelle de drap gris, attachée par un ceinturon de peau d'Espagne qu'une boucle d'argent, curieusement ciselée, serrait, et où était passée une dague, protestation du Basque relative à ses droits et privilèges de noblesse, car dans ses bons momens, il se disait gentilhomme. La chemise, rabattue sur le col étroit du pourpoint, laissait voir un col blanc comme l'albâtre; une toque de velours noir, artistement ornée d'une plume d'aigle des Pyrénées, autre signe de distinction pour l'enfant des montagnes, composaient son costume. Ses cheveux, noirs comme les ailes d'un corbeau, faisaient mieux ressortir l'ovale parfait et pâle d'une figure mignonne dont chaque trait était admirablement dessiné. Le front était haut, poli et peu avancé. Le nez descendait en ligne droite, légèrement ondulée vers le milieu. Les yeux, grands, expressifs et noirs, brûlaient d'un feu sombre, aimant, réel, qui tout ensemble plaisait, troublait et attirait. Les joues, aplaties par la pauvreté, n'avaient pas cette forme pendante qui rapproche l'homme du singe, et qui est le type de la lâcheté morale. La bouche, bien coupée, aux lèvres minces, décolorées et non serrées, aux dents petites ni trop peu rapprochées, blanches, brillantes, emperlées. Le menton, rond et bombé, le cou blanc et veiné de bleu, ainsi que le front, les tempes et les mains. Celles-ci minces, longuettes, légèrement charnues, aux ongles rosés. Une taille médiocre; des formes grêles; un pied de jeune fille. Tel était à l'extérieur Clair Léchard, garçon barbier chez l'illustre maître Massot.

Dès qu'il eût ouvert la porte de la salle, il découvrit sa tête et s'inclina mais par trop bas, et ce salut achevé, il se redressa, et debout, avec une contenance autant fière que soumise, il parut attendre ce que lui voulait le baron de Lespare. Rien en lui n'annonçait la gêne ou la crainte, tout, au contraire, semblait protester contre son humble position sociale.

Le sire Hugues le regarda d'abord avec obligeance; un moment, il parut vouloir lui tendre la main, mais je ne sais quel instinct d'orgueil l'arrêta; il se contenta de faire un geste bienveillant, et se maintenant dans la supériorité que son rang lui concédait incontestablement à l'encontre d'un ouvrier, il donna à ses traits hautains une expression amicale, et il se mit à dire :

« — Eh bien, Léchard, pourquoi ne vous vois-je plus?.. Vous voilà pâle et puis mélancolique... vous ne vous amusez donc pas?

« — Non, monsieur le baron, et je souffre.

« — Vous ? Clair... Eh bien, il faut appeler un médecin... Je vous amènerai celui du roi de Navarre, si votre travail vous empêche d'aller le consulter chez lui.

« — Je vous remercie, monseigneur, mais mon mal n'est pas du ressort des physiciens... il est là...

Et il désigna son cœur.

« — Allons, lui fut-il dit avec affection, ne nourrissez pas des chimères dévorantes... Les lois du royaume sont immuables.

« — Je le sais... cependant je ne suis pas à ma place.

« — Ni moi à la mienne, repartit l'interlocuteur en heurtant la terre du pied ; pensez-vous être le seul que la fortune blesse?

« — Non, certes, monseigneur, je ne suis point de ceux à qui elle fait une piqûre ou que peut-être elle transperce d'un dard acéré ; je suis de ceux qu'elle tue...

« — Vous vous croyez donc mort ?

Et Lespare essaya de sourire.

« — Que suis-je? si ce n'est cela... Vous n'êtes pas riche en domaines, en droits seigneuriaux, en rentes, votre père vous ayant ruiné; mais du moins, votre nom si antique, si grand, si beau, vous reste; vous le portez; vous pouvez le jeter, comme un rocher qui croule, à la tête des arrogans. Le sire de Lespare, rien qu'avec son nom, se fera ouvrir les portes de la cour, et dans toute l'Europe, le premier rang lui sera cédé sans conteste... Et moi, que suis-je?.. Clair Léchard, apprenti-barbier... Je serais Gilles Tastet, Léonard Perrin, Barthélemy Lesourd; que sont ces mots obscurs, sans retentissement, et le mien... le mien qui m'est si insupportable... je ne peux m'en séparer; il me vient de mon père, de ma mère; j'ai des frères, des sœurs qui le portent, ils en sont tout fiers, eux, et moi, il me dévore, il pèse sur ma personne comme une chemise ensoufrée; il m'environne, me surmonte, m'enferme, il m'étouffe, et je ne peux m'en délivrer, et pourtant, Dieu sait si ce nom misérable est le mien, le ciel, en protestation en ma faveur contre cette vilaine peau de bête excommuniée, a mis sur mon front, mon visage, dans mon port, dans mes mains, dans mes pieds, et surtout dans mon cœur, la preuve frappante, palpable, irrésistible, que je ne suis point Clair Léchard... Oh! infâme adultère!.. oh! crime mille fois plus coupable que l'incendie et l'empoisonnement, tu voles à une famille une portion de son bien, souvent tout le bien même; tu prives une âme noble de sa carrière naturelle, et lorsqu'elle voudrait s'y lancer, une voix dure et rauque vient lui dire : Enfant de l'adultère, ne sors pas des filets qui te lient, sois toi en secret, mais devant le public sois le fils de qui te déteste ; méprise ta mère ; maudis le fatal auteur de tes jours, et sois à toi-même, par toutes les espérances déchues, le serpent, gonflé de venin, qui te déchirera toujours...

« — Je ne comprenais pas l'étendue de votre malheur et l'immensité de vos souffrances, dit cette fois le sire de Lespare avec pitié, tandis que de ses deux mains il pressait celles du jeune homme, oui, vous êtes dans l'enfer, je vous plains, et néanmoins, je ne sais pas coupable; ce n'est pas moi qui ai réglé votre destinée; je ne sais même que depuis peu de temps ce que vous m'êtes... Ai-je jamais balancé à vous le faire connaître ?..

« — Non.

« — Vous savez que je ne suis pas riche... que ruiné par mon père, il ne me reste...

Il hésita.

« — Que votre nom ! reprit Clair avec amertume... que ce trésor inestimable que je paierais de ma vie.

« — J'ai vu avec un vif chagrin votre position, je voudrais vous en retirer... un mariage m'en facilitera les moyens... je les suivrai avec empressement.

Clair soupira et baissa la tête.

« — Allons, mon frère, soyez homme.

« — Votre frère ! moi ?.. enfin, vous le prononcez, ce mot qui me réhabilite... Oh! sire de Lespare... Oh! baron Hugues !.. oui, vous êtes mon chef, mon supérieur, je vous dois obéissance, respect, soumission... mon frère, pardonnez-moi les larmes qui coulent sur mon visage, elles sont l'ouvrage du bonheur.

« — Mon ami, reprit l'interlocuteur, la fortune ne nous sera pas toujours contraire, toi et moi aurons part à ses faveurs... Je ne désespère pas de te voir épouser une femme riche.

L'ouvrier secoua la tête et baissa les yeux.

« — Non, dit-il, cela n'aura pas lieu, mon cœur est donné.

« — Déjà, si jeune... as-tu fait un bon choix.

« — Je ne sais, fut-il répondu avec une expression mélancolique... Je crains d'avoir mal rencontré.

« — Je te plains; mais la personne est-elle honorable?

« — Je l'ignore.

« — Explique-toi.

« — Je le devrais, et je crains d'avouer ma folie entière.

« — Comment.

« — J'aime en insensé, qui ne m'aime pas, qui n'est pas digne de ma tendresse..... c'est, monsieur de Lespare, une chose bien cruelle que ce sentiment qui nous entraîne en dehors de notre volonté, qui nous éblouit, qui nous trompe, nous torture... Je suis jeune et pourtant je suis bien malheureux.

« — Et avec ton orgueil, tu as pu t'attacher à une vile créature.

« — Est-elle coupable et sans vertu ; je ne peux le croire, elle a des formes si pures, si candides, son regard est si céleste...

« — C'est Marie Touchet...

« — Vous la connaîtriez ?

« — Ne loge-t-elle pas ici ? que sais-tu sur elle ?

« — Deux ou trois fois par semaine, un jeune homme masqué qu'un épais suisse accompagne, vient passer quelques heures auprès d'elle, c'est lui qui a fait meubler son appartement, et elle a pour lui la tendresse folle que je ressens pour elle.

— « C'est donc une fille perdue ?

— « Elle a un amant.

« — Je la plains... je te regrette plus encore, cesse de nourrir une passion polluée dans son objet.

« — Je le voudrais, baron Hugues, mais je l'aime... je ne lui ai pas dit ; elle l'ignore... et pourtant, chaque fois que nos yeux se rencontrent, mon pauvre cœur bat, et tous mes sens sont bouleversés... Vous avez prononcé son nom.

« — Elle est fille du magnanime soldat qui, au jour de sang de la saint Barthélemy, se fit tuer devant son maître (notre père), afin de retarder sa mort de deux minutes. Je voulais m'intéresser à elle, changer sa situation, mais puisqu'elle est perdue...

« — Qui vous a dit qu'elle l'était?.. cet inconnu peut être son ami, son parent, son admirateur... Si elle l'aimait... oh! alors, elle serait bien coupable.

Un sourire triste courut sur les lèvres du sire de Lespare qui, avec une familiarité caressante, prit son frère naturel par-dessous le bras, et pour le distraire de sa pénible idée, se promena avec lui dans l'étendue de la chambre. Tous deux marchèrent, ensevelis dans leurs réflexions. Le baron enfin l'arrêtant :

« — Eh bien! dit-il, l'amour fait-il donc oublier notre bon roi?

« — Ne le pensez pas... Comptez sur moi et sur vingt-quatre compatriotes... Tous m'ont juré de donner leur vie pour sauver Henri de Bourbon. Choisissez le jour, le lieu, l'heure, vous nous verrez accourir avec le mot fameux de passe : *Nostre-Dame del bout del pount* (Notre-Dame du bout du pont), Massot, de son côté, a enrégimenté cinquante braves, fidèles, ainsi entre lui et moi, et en nous comptant, nous sommes soixante-dix-sept capables de tout entreprendre, et qui certes, ne reculerons pas devant les Parisiens.

« — Le moment est critique, dit le baron, la reine-mère travaille à perdre le roi Charles IX, afin de couronner à sa place le roi de Pologne. Elle s'unit avec Guise, Montmorenci, Retz et Birague, pour déterminer le roi à des-

cendre du trône par une abdication volontaire.
Il est à craindre que pour mieux s'attacher le
prince lorrain, on ne lui abandonne le sang
de notre roi... Vois tes camarades, mon ami...
que Massot prévienne les tiens. J'ai réuni cinq-
cents hommes, tous de la religion, braves qui
ont fait la guerre; nous nous mettrons à leur
tête; les tiens, ceux du barbier, nous ayant
rejoint, nous courrons attaquer le donjon de
Vincennes dont les approches me seront li-
vrées; deux fougasses feront sauter les barri-
cades intérieures; Henri délivré, nous gagnons
l'Auvergne et son comté de Limoges, et de là,
nous verrons à recommencer la guerre et à
punir nos ennemis.

Clair témoigna la joie qu'il ressentait et que
faisait naître l'apprenti de rendre la liberté à
son souverain; mais en même temps, il songea
qu'il faudrait sortir de Paris et renoncer à la
belle Marie. Son cœur, vivement ému, en res-

sentit un vif chagrin, il le cacha; il aurait eu honte de le laisser voir, cependant, après avoir échangé quelques paroles avec le baron Hugues, il descendit auprès de son patron.

« — Te voilà, Clair obscur, s'avisa de dire le parisien Nino Porcher, son camarade; qu'as-tu fait hors de la boutique, lorsque Massot et moi pouvions à peine suffire à raser et à couper les cheveux de nos pratiques?.. tu guettais sur l'escalier la belle brodeuse du premier.

Léchard leva les épaules, prit un lingé et un rasoir, et se prépara à faire la barbe à un voisin.

« — Tu es bien sombre, bien silencieux, dit toujours le même, n'as-tu pour les camarades que des mines de menace ou des soupirs plus ennuyeux?

« — Nino, dit alors le jeune Léchard, à chacun son caractère... toi, tu joues sur les mots ou tu les répètes, et moi qui n'aime ni ton bavardage ni tes confidences, je me tais, afin de ne te fournir matière à me plaisanter et à contenter tes amis.

— Que veux-tu dire, demanda le Parisien, qui pâlit de colère.

— A bon entendeur, salut.

— Explique-toi.

— J'ai dit ce que j'ai voulu dire, fâche-toi si tu veux, peu m'importe.

— Suis-je donc un mauvais camarade?

— Tu répètes ce qui se passe ici.

— Moi!

— Oui, toi..... et je te conseille, Urbain, d'y prendre garde, ajouta Léchard en s'adressant à leur second compagnon, sorte de Normand renforcé, Finaud, mais dont la probité s'arrêtait devant tout acte qui mène à la potence.

— Qui mal ne fait, mal ne pense, répliqua

celui-ci d'une voix traînante ; si Nino Porcher dénonce les camarades, les camarades l'assommeront, et tout sera soldé.

— Mais enfin que sais-tu, s'écria le Parisien, pour m'humilier ainsi ?

— Je sais que tu as un oncle.

— Oui, j'en ai un ; il faut bien que ce soit une marchandise rare, car tout le monde n'en a pas.

— Cette épigramme malicieuse amena le feu de la honte et du dépit sur le front du Basque. Un moment il eut la pensée de tomber sur Nino et de l'assommer sans attendre, mais comprenant qu'il lui donnerait un trop grand avantage en paraissant être blessé du trait, il continua de peigner le voisin, qui se pleignit plus d'une fois que les pointes du ciseau avaient labouré son crâne, ou le rasoir écorché son menton. Cependant Clair répondant à Nino :

— Eh bien! cet oncle s'en va raconter çà et là, où bon lui semble, ce qui se passe dans la maison, et lorsqu'on lui demande d'où il tient ces renseignemens, il n'hésite pas à nommer son neveu.

L'allégation était directe, piquante; ce fut le tour à Nino Porcher de rougir. Le fait était vrai, il dut le reconnaître.

— Eh bien, fine mouche, lui dit le normand Urbain, est-ce à tort ou à raison que notre camarade te montre dans ta vilaine enveloppe? Ainsi, au lieu d'avoir avec nous un bon camarade, c'était un dénonciateur, un traître qui nous décelait.

— On m'accuse quand je n'ai rien à me reprocher... on veut faire grand bruit d'un propos innocent et sans conséquence.

— Tu en as menti ! repart Léchard avec aigreur et qui venait de saluer le dernier voisin parti très satisfait de l'accommodage célèbre de la maison Massot. Est-ce un fait sans importance que de calomnier à la fois notre bourgeois et sa charmante locataire. Diras-tu que cette mauvaise action se puisse excuser ?

A cette dernière attaque le Parisien devint blanc comme le linge qu'il tordait, et ne sachant que répondre, honteux, confondu, anéanti, il jeta brusquement la serviette qui lui servait de contenance, et il s'élança hors de la boutique en prenant le chemin de la maison de son oncle l'armurier.

Les deux ouvriers restés seuls s'entre-regardèrent et se mirent à sourire.

— Voilà, dit le Normand, un vilain hibou qui s'échappe. Tant mieux que tu l'aies démasqué ; mais comment as-tu appris ce que tu lui as répété si vigoureusement.

— Arnaud, le troisième ouvrier joaillier de chez maître Bertinelli, est de mon pays, mon ami et mon parent ; il travaillait naguère à un ouvrage particulier dans un cabinet, chez le Milanais, situé tout auprès de l'arrière-salle. Là il a entendu maître Coiffaux répéter longuement et avec des détails sans nombre, au joaillier, à sa dona et à M. le curé de Saint-Barthélemy, l'histoire de la venue de Marie, et tout cela enjolivé de vilaines conjectures, de mensonges qui déshonoraient également notre maître et sa jolie locataire..? N'est-ce pas, Urbain, qu'elle est charmante.

— Ne t'attache pas trop, mon ami, à sa beauté, c'est du gibier de haute volée; elle n'est pas faite pour toi. Son amant est redoutable, digne de plaire, et de rang, d'esprit et de fortune. Tu ne lutteras pas d'égal à égal avec lui.

— Te serait-il donc connu? dit en frémissant le jeune homme.

— Depuis six mois que je suis à Paris, je ne suis pas sorti de la boutique que pour aller le dimanche à la messe, et les soirs de ce saint jour faire une partie de boules sur le *terrain des Chanoines*. La figure des grands seigneurs de la cour m'est étrangère; mais le nom de celui-là est si bien dans toutes les bouches, que je l'ai facilemeut gravé dans la mémoire.

— Qui est-il, Urbain? dit Clair avec anxiété, sois bon camarade.

— Je veux bien te le répéter, dit le Normand, quoique au fond ce soit peut-être aussi un mensonge; car il m'est revenu par notre féal et franc ami Nino Porcher.

— Mais il sait donc tout? ce misérable.

— Du moins il a su te faire endéver; qu'il ait dit vrai ou qu'il ait ajouté une bourde à toutes celles qu'il débite, non moins que s'il fût né sur les bords de la Garonne.

— Allons, respecte la Gascogne et son beau fleuve. Celui-ci descend des Pyrénées; il est comme le frère de l'Adour, ce père nourricier de mon Béarn, ma douce terre natale.

— C'est singulier, répondit Urbain, comme l'on s'attache à *notre* paroisse et à notre fleuve. J'aime la Seine parce qu'elle arrose la Normandie. Je serais capable de bâtonner qui en dirait du mal. Oh! nous autres Canais avons la tête chaude.

— J'en suis persuadé ; mais vous oubliez vos promesses. Il est un nom que tu t'es engagé de me répéter, et j'ouvre mes oreilles pour l'entendre, afin qu'il descende au fond de mon cœur

— Damnation à qui fausse sa parole! s'écria le jeune Normand, tandis qu'il se dessinait involontairement. Le favori de la belle Marie est... il porte une couronne et il se sert bien d'une épée.

— Le roi de Navarre, murmura péniblement et avec douleur le jeune perruquier. Le roi de Navarre... Henri de Bourbon... mon chef, mon souverain seigneur, à qui je dois respect, amour, soumission, obéissance... Je suis son sujet, je lui ai prêté serment ; il a sur moi droit de mort et de vie. *Ah! vive le roi!* bien qu'il déchire mon cœur et qu'il me rende malheureux.

— Allons, Clair, prends patience. Je ne sais ceci que par le bavardage de ce damné Nino ; il est toujours en voie de mentir. Attends qu'il rentre, alors tu le prendras à la gorge, tu le contraindras à vomir tout ce qu'il a d'impur dans sa vilaine âme. Peut-être te confessera-t-il que par malice pure il a tenté de te rendre malheureux.

— Si je le croyais... s'il avait menti, disait Léchard avec ivresse... Mais non, il était cette fois dans la route de la réalité. Oui, je suis le plus malheureux des hommes. Le roi de Navarre aime Marie, en est aimé ; il le mérite, il est si noble, si brave, si généreux, si magnanime : c'est le diamant des rois, et pour le mal que je souhaite à la France, puisse-t-elle l'avoir un jour à la tête de son gouvernement.

Urbain surpris de ces paroles si contraires à celles, sentait-il, que la même circonstance lui aurait inspiré, se mit à dire :

— Vraiment, Clair, tu es un pauvre amoureux, au lieu de maudire ton rival tu le vantes.

— Il est mon roi.

— Tu te prosternes devant lui.

— Dieu ne l'a-t-il pas sacré au front?

— C'est un hérétique.

— Tais-toi, Normand, ne te frottes pas au cœur d'un Basque et d'un Français.

Léchard, ces mots dits, tomba dans une profonde mélancolie. Le Normand, paresseux par essence, le regardait avec surprise sans travailler, profitant de l'absence du patron, qui peu après rentra à pas de loup.

— Qu'est ceci? dit-il. Quoi! Léchard rêve debout, Urbain dort assis bien à son aise, et

Nino fait l'école buissonnière. Mes maîtres, vous souperez mal si l'ouvrage ne va pas mieux.

— Où est Nino ?

« — En pleine fuite, dit le second apprenti ; il a été, selon toute apparence, recommencer ailleurs un manège qu'il ne fera plus ici avec autant de facilité.

Cette manière de répondre en demanda l'explication, elle lui fut donnée charitablement par le même interlocuteur ; et lorsqu'il eût fini.

« — Si cela est, je suis bien aise que ce vilain oiseau ait été faire ailleurs son nid ; j'espère qu'il ne rentrera pas chez nous.

« — Ma foi, s'il y revenait, je le prierais de reprendre la route de la maison de son père.

Massot n'avait pas achevé, que Coiffaux l'armurier se présenta ; il venait s'entendre avec le barbier, relativement à son neveu qui, ayant obtenu une place dans la maison de la reine-mère, renonçait à manier le peigne et le rasoir

« — Ah! dit le Gascon avec peu de cérémonie, Nino se pousse donc à la cour; il y fera son chemin, car, sans doute, il y entre à la manière des chiens braques, en rapportant.

« — Que signifie cette malice? demanda Coiffaux irrité.

« — Ces jeunes gens vous l'apprendront... Il est certain que si Nino n'eût pas pris le parti de devenir un homme d'importance, ses camarades se fussent chargés de lui briser les os... Allons, maître Coiffaux, ne roulez pas les yeux comme une chèvre morte, vous êtes moins méchant que vous voulez le paraître; votre neveu a un vilain défaut; que Dieu l'en corrige! sinon les hommes en prendront le soin.

V.

Catherine de Médicis.

> Le crime, pour certain, est une nécessité ; leur mauvaise nature ne leur permet pas de se faire un délassement de la vertu.

C'était dans le vieux Louvre, dans un oratoire orné de peintures exquises, que la reine Catherine de Médicis, veuve du roi de France, Henri II, se trouvait en ce moment. Elle portait une robe de velours noir, à perles d'argent, une coiffe de gaze noire, à la manière des femmes en viduité. Une cordelière à grosses torsades d'argent, nouait sa taille et soutenait son aumônière, sac à ouvrage de ce temps. Ses traits annonçaient son ancienne beauté, car encore elle était belle. Une majesté froide, une sérénité de convention, brillaient sur son front large, relevé. Sa bouche impériale conservait presque perpétuellement un sourire qui veillait à toute surprise qu'on aurait pu faire contre son cœur (1).

(1) Catherine de Médicis, née à Florence, en 1519, était fille de Laurent de Médicis, duc d'Urbin et nièce du pape Clément VII; elle épousa Henri, second fils de François 1er, en 1533 : son mari étant devenu dauphin et puis roi en 1545, mourut tué dans un tournois par Montmorenci en 1559; chargée de tous les crimes, de toutes les fautes dont les conséquences mirent la France à deux doigts de sa perte, elle prouva que le seul désir de régner ne donne pas les grands talens nécessaires à qui occupe la première place. La mort de François II et celle

Jamais ni l'amour ni la haine, ni la tendresse maternelle, ni la jalousie conjugale, ni l'ambition satisfaite ou émue, n'avaient laissé paraître sur la figure des vestiges de ce qui agitait violemment le cœur. Venait-on lui dire : Votre mari et souverain seigneur fuit la couche conjugale pour le lit de la vieille concubine de son père (1), elle souriait ; les protestans marchent victorieux sur Paris, elle souriait encore ; le nouveau triumvirat se forme du connétable de Montmorenci, du duc de Guise, du maréchal de Saint-André ; elle souriait toujours.

La mort tragique de son mari, celle si inatde Charles IX lui furent imputées ; elle n'aimait, du moins, que son troisième fils, Henri III, ses quatre enfans n'eurent pas de postérité légitime, elle mourut en 1589.

(2) Diane de Poitiers, duchesse de Valentinois, née en 1499, fut tour à tour la maîtresse de François Ier et de Henri II, fils de celui-ci, elle mourut en 1566.

tendue de François II, son fils aîné (1), la perte de la bataille de Saint-Denis, la nuit de la saint Barthélemy, ne parvinrent pas à troubler cette paix inaltérable mais tout intérieure. La reine était double, au dehors c'était le calme de la Providence, au dedans la violence du cahos désordonné.

L'astuce italienne, entée sur la dissimulation espagnole et l'âpre tyrannie des Florentins, la superstition expirante du moyen-âge, formaient la base de son caractère. Diviser pour régner, était sa politique constante. Elle voyait bien et de loin ; mais s'imaginant toujours les autres semblables à elle, elle supposait constamment une habileté qui leur faisait faute parfois ; dès lors, elle maneuvrait devant

(1) François II, roi de France, fils de Henri II et de Catherine de Médicis, naquit en 1544, succéda à son père en 1559 et mourut en 1560, dix-sept mois et vingt jours après son avènement au trône, on accusa sa mère de sa mort.

eux avec une prudence, une mesure inutile qui lui faisaient perdre du temps.

Vraie Médicis, cruelle comme ses parens, elle possédait leur magnificence, leur goût des beaux-arts, leur luxe, leur pompe supérieure à celle des rois. Elle aimait à s'environner de jeunes filles choisies parmi les premières du royaume, mais elles devaient être aimables, gracieuses et au moins belles; leurs charmes lui servaient à gagner à son parti les seigneurs de la cour, à détruire des cabales, à en édifier d'autres. L'*escadron volant de la reine*, ainsi que l'on appelait cet essaim d'aimables beautés, lui avait souvent fait remporter d'importantes victoires.

Catherine voulait le pouvoir, n'importe de quelle manière il lui vint. Qui se refusait à le lui céder, qui le lui disputait, était menacé dans son bonheur, et même dans son existence. Quels bruits horribles fit-on courir sur son compte depuis son arrivée en France. Aucun personnage illustre, aucun membre de la famille royale, à part le roi Henri II, n'alla de vie à trépas, que l'on ne la mêlât d'une manière ou d'autre à la cause qui l'avait emporté. A entendre les huguenots à qui elle était exécrable, don Montgomery, qui était son amant, s'essaya long-temps sur un mannequin à crever l'œil d'une tête de carton, de telle sorte que le fatal coup de maladresse qui tua le roi, était l'acte d'une haute subtilité. L'acharnement mis plus tard à punir ce régicide, en apparence, involontaire, avait sa source dans la terreur que ses aveux indiscrets inspiraient.

Diverses rumeurs s'élevèrent sur la fin précoce de François II. L'amour du fils de Catherine pour sa belle et spirituelle femme Marie Stuart, l'ascendant de celle-ci, la puissance acquise aux princes lorrains par contrecoup, le discrédit certain dans lequel tombait la reine-mère, crédit qu'elle n'aurait plus recouvré, firent, qu'avant sa dix-septième année, François II, sans laisser de postérité, s'en alla rejoindre ses pères. On a prétendu plus tard, que profitant d'une léthargie adroitement provoquée, le jeune roi aurait été enlevé de sa cour, conduit dans un château fort, où cinquante ou soixante ans après il aurait encore vécu.

L'assassinat du duc de Guise par Poltrot, du prince de Condé par Montesquiou, la mort du roi de Navarre, père d'Henri IV, celle de la reine de Navarre, sa femme, tant d'autres attentats moins célèbres, le plus fameux de tous, la saint Barthélemy, précédée d'une tentative de meurtre sur la personne de l'amiral de Coligny, passèrent pour les œuvres journalières de Catherine de Médicis.

Si elle repoussa ces allégations, ce fut avec calme et comme si, au fond, elle n'était pas fâchée qu'on les lui attribuât. Entièrement livrée au désir de la domination, elle croyait bon et licite tout ce qui en assurerait le succès. Fanatique à froid, elle n'aurait pas balancé à aller au prêche, si la religion prétendue réformée avait pris le dessus. Elle s'appuyait sur l'église, parce que Catherine croyait l'église un bâton solide, mais sans conviction, sans piété réelle et sincère. Les rêveries de l'astrologie judiciaire avaient un grand empire sur son esprit superstitieux. La colère divine la tourmentait moins que la conjonction maligne de deux astres. Elle demeurait indifférente aux vérités de l'évangile, et frémissait des conséquences d'un thème de nativité.

Enfin, de ses quatre fils, François II, Charles IX, Henri III, et le duc d'Alençon, plus tard duc d'Anjou et de Brabant, elle n'aima que le roi de Pologne. La tendresse qu'elle lui portait fut poussée jusqu'à la fureur; elle se rendit criminelle afin de lui prouver son amour, aussi Henri III la laissa régner sous son nom tant qu'elle se soucia de dominer ; mais une époque vint où, lasse d'intrigues, où fatiguée de tant de sang répandu, elle ne daigna plus disputer aux favoris de son fils les rênes dont ils s'emparèrent. On sait qu'elle assista, plutôt qu'elle ne prit part, au complément tragique des États de Blois ; elle était alors mourante, et ayant appris le meurtre politique du duc de Guise et du cardinal de Lorraine, elle se contenta de dire à Henri III : *Voilà qui est bien décousu, maintenant il faudra recoudre ; l'entendra-t-on aussi bien ?*

Telle était cette femme qui régnait en souveraine absolue. Au moment dont je parle, son fils bien-aimé Henri était monté sur le trône de Pologne ; il s'ennuyait dans ce rude climat, ne rêvait qu'à la France, la demandait en pleurant, et sollicitait sa mère de la lui rendre. Il venait de lui écrire qu'elle l'avait exilé sous prétexte de lui mettre une couronne sur la tête, et que quant à lui, il préfèrerait être le prévôt des marchands au *parloir des bourgeois*, qu'à Varsovie être le monarque des rustres et barbares Polonais. Le reste de l'épître était composé de jérémiades, de plaintes amères et injustes, de récriminations sur ce qu'elle, Catherine, avait fait pour Charles IX et le duc d'Alençon, à son désavantage prétendu, de lui, roi de Pologne.

Catherine de Médicis, placée devant un petit bureau à quintuple incrustation d'écaille, de nacre, d'ivoire, d'or et d'argent, était assise dans un fauteuil d'ébène, sculpté précieusement par Baccio Bandinelli. La table était couverte de ce qu'il fallait pour écrire, des plumes d'oie, renfermées dans des tubes d'or, et posées sur un petit meuble représentant deux arbres où voltigeaient à des hauteurs inégales des anges charmans, un papillon aux ailes de couleurs variées, et fait en réalité, de pièces de drap pour essuyer l'encre, des règles de bois de senteur ou de nacre, des couteaux pour couper le papier, avec manches d'ivoire travaillés par Le Flamand, et des lames d'or damasquinées à Damas, deux écritoires, une en faïence, chef-d'œuvre de Bernard de Palissy, l'autre, en bronze florentin, avec des bigarrures d'argent et d'or, des incrustations de camées antiques admirablement tracées, des agathes élémentaires, des opales chatoyantes, et aux quatre coins pendaient quatre perles du plus bel orient ; cette œuvre miraculeuse sortait du fin ciseau du célébrissime Benvenuto Celini, il l'avait composée et exécutée pour le duc Alexandre qui, désirant faire à la future dauphine et reine de France un cadeau digne d'elle et qui flattât l'orgueil des Médicis, n'avait rien trouvé supérieur à cette écritoire, modèle d'élégance et de luxe.

En pendant et de l'autre côté de la table, on admirait un vase d'argent à brûler des parfums, inimitable production du burin prodigieux de Germain Pilon, Jean Goujon en avait fait le socle, et ces deux imaginations si riches, si variées, si brillantes, s'étaient surpassées dans ces deux pièces qui faisaient un tout heureux miracle de l'art qui ne se laisse pas vaincre par la nature même.

Catherine, à cette heure, ne jouissait pas de ce qui en d'autres époques la charmait dans sa munificence de reine et dans ses connaissances d'artiste. Ni les encriers, ni l'urne précieuse, ni le saint Jean l'évangéliste de Raphael qui était devant elle avec le mariage de sainte Catherine du Corrège, et la vierge aux rochers, de Léonard de Vinci, ni toi, prodige du pinceau, vierge au coussin, du divin Solario, ni la délicieuse dispute des Muses et des Pierrides, par le naïf et divin Perrino del

Vaga, ne pouvaient non plus attirer son attention. Tout entière à ce qu'elle écrivait, elle s'arrêtait, réfléchissait, se remettait à l'œuvre, parfois regardait autour d'elle par excès de précaution, quoiqu'en dehors de l'oratoire, des yeux vigilans et des bras armés, des cœurs impitoyables, veillassent à ce que nul indiscret ne surprît S. M. dans cette occupation sacrée. Enfin, ayant achevé, elle prit le papier écrit à deux mains, se leva, alla ouvrir la fenêtre, afin que le bruit de l'intérieur ne permît plus que l'on entendît les paroles prononcées au dedans, et cette précaution prise, elle lut à demi-voix la lettre qu'elle avait tant méditée.

« MONSIEUR MON FILS ET ROYALE MAJESTÉ
« POLONAISE, je viens de recevoir la missive
« tendre, de mauvaise humeur et désespérée
« que vous m'avez fait tenir par la main sûre
« de Noël Denort; je ne juge pas à propos de
« vous renvoyer cet émissaire. Un homme, à

« son premier voyage, a la fervente vertu de
« l'intrigue, il résiste aux tentations les plus
« riches, au second, si on essaie de le séduire,
« il se rend, au troisième il va au-devant des
« amateurs, et lui-même met un prix à son
« secret. On m'a conté qu'à Plessis-les-Tours
« il existait des oubliettes... le brave Denort
« a été les essayer à ses dépens, j'ajouterai
« pour calmer votre bonté pour lui, qu'on
« l'avait vu sortir à deux heures de nuit de
« chez le duc de Guise, cela m'a paru signi-
« ficatif et digne d'une récompense à la
« Louis XI, ce grand, habile monarque, si
« français, et que, selon leur usage, les Fran-
« çais ont calomnié avec tant d'ingratitude.

« Renvoyez-moi au contraire et en toute
« hâte Robert Touchet, c'est un drôle,
« étourdi sans doute, mais il a un cœur de
« bronze, un bras d'acier; il a le malheur de
« ne croire ni à Dieu ni au diable, ce qui le

« rend propre à tout. Il jouera de la dague
« aussi bien que du violon. Ma cour est rem-
« plie d'hommes *de peu*, qui se disent beau-
« coup, que l'on croit être quelque chose, et
« qui finissent par embarrasser la marche du
« pouvoir. Robert, a la louable coutume
« de n'interroger sur un coup à frapper que
« lorsque le personnage désigné est couché à
« terre et baigné dans son sang.

« Enfant de mauvaise humeur à tout, où
« voyez-vous matière à me chercher querelle...
« je ne vous aime pas... est-ce vous qui avez
« pu écrire cette sotte et injuste phrase ?...
« Vous n'arriviez que le troisième à la cou-
« ronne, maintenant, entre votre père qui
« règne et vous, il n'y a que la mort... Votre
« frère est mal portant, son physicien (j'ai
« grand'peine à dire médecin), dit qu'il le
« sauvera; mon astrologue, plus habile, le re-
« garde comme défunt, voyez si on ne songe

« pas à vous... A votre place, j'aurais cons-
« tamment des chevaux toujours sellés, un
« gros sac de peau d'Espagne, rempli d'écus
« d'or, et ma boîte aux pierreries bien ficelée.

« Ecoutez ce qui se passe à la cour. M. de
« Guise est si convaincu de mon affection
« maternelle pour madame de Lorraine, ma
« fille (1), qu'il me propose sérieusement de
« la faire reine de France. Le roi n'a pas
« bonne santé. Vous êtes bien établi en Polo-
« gne. Il faudra procurer au duc d'Alençon
« la couronne d'Angleterre, et Londres le
« dédommagera de Paris (2), tout cela lui

(1) Claude de France, née à Fontainebleau le 2 août 1545, mariée le 22 janvier 1558 à Charles II, duc de Lorraine, morte le 20 février 1575.

(2) François de France, duc d'Alençon, de Château-Thierry, d'Anjou, de Tourraine, de Berry, de Brabant, comte du Perche, du Maine, de Dreux, de Mantes, de Meulun et de Meaux, pair de France, né le 18 mars 1554. Les Brabançon se donnèrent à lui; Elizabeth d'Angle-

« semble naturel. Comme les hommes s'abu-
« sent dans leur propre cause!

« J'ai l'air de l'écouter, de mordre à l'ha-
« meçon, et lui me rend souveraine d'un tiers
« de la cour.

« Le duc de Montmorenci veut l'épée de
« connétable de son père ; je l'ai si bien rendu
« suspect au roi, qu'il n'aura jamais rien de
« lui. En même temps, je prouve à ce sei-
« gneur que vous seul lui accorderez cette
« bienheureuse flamberge, aussi ne jure-t-il
« pas par vous. Nous lui devrons la totalité
« de l'armée que conduit encore le grand nom
« du vieux connétable. Comptez donc sur le
« duc de Montmorenci, il est à vous à pendre
« et à dépendre.

« Hier, je fis venir Birague, je lui contai

terre le joua; il intrigua, troubla la France, rechercha toutes les puissantes héritières, quoique contrefait, et mourut célibataire le 10 juin 1584.

« en confidence (1) que le roi voulait rendre
« les sceaux à l'Hôpital. Je n'avais pas fini de
« mentir dans votre intérêt, que lui déjà me
« proposait de vous faire revenir, en se char-
« geant de vous procurer la couronne.

« Les maréchaux de Thavannes et de Retz
« disent que vous avez fait la saint Barthé-
« lemy; qu'en conséquence, Dieu vous ré-
« serve pour roi à la France ; tout haut je
« blâme leur audace, et tout bas je l'alimente.

« Le roi de Navarre, votre autre beau-frère,
« est prisonnier. Le roi le hait; je ne l'aime
« guère, si ce n'était ma fille et votre sœur
« Margot, il eût été joindre ses chers père et

(1) René de Pirague, née à Milan en 1507, se donna à François I et fut tour à tour conseiller au parlement de Paris, surintendant de la justice, commandant du Lyonnais, garde-des-sceaux, chancelier, évêque d'E-vreux et cardinal; il mourut en 1583 : politique habile, il se défaisait par mort violente de ceux qu'il ne pouvait dompter autrement.

« mère, mais ma fille, qui ne peut souffrir
« son mari quand il court les champs, s'en
« affolit dès qu'il est en cage ; cependant, s'il
« vous était contraire, nous prendrions un
« parti... Je le verrai, le sonderai, et sa vie
« dépendra de son degré d'affection pour vous.

« Au demeurant, la très sainte Vierge qui
« nous protège, ou mieux encore les astres
« qui conduisent tout, au dire de messire
« Bernard d'Abbatia, mon astrologue, vien-
« nent de me fournir une arme puissante en
« notre faveur contre le ridicule amour de
« Margot pour son mari. Croiriez-vous que
« ce chaud compère et P....., roi de Na-
« varre, quoique prisonnier, s'avise d'entre-
« tenir et de mettre dans ses meubles une
« petite fille dont j'ignore le nom de famille.
« Je tiens ceci de mon joaillier Bertinelli, et
« je n'ai payé cette découverte importante
« que du prix d'une chétive charge d'huis-
« sier du palais, que j'ai fait donner par le

« roi à une manière de finaud imbécile, le
« nommé Nino Porcher, qui a découvert le
« cas secret de votre beau-frère. Si sa mort
« nous est utile, la jalousie de Margot mise
« en jeu nous l'abandonnera.

« Maintenant, venons au roi..... Il dépérit
« chaque jour.... il a des visions cornues.....
« Imaginez-vous qu'il voit *ces messieurs*.....
« les huguenots..... il cause avec Coligny.....
« l'agréable compagnie... Ces idées noires,
« cette mélancolie exagérée le rendront sous
« peu incapable de régner. Je lui conseille de
« se retirer en Provence, où l'air chaud et
« doux, où la gaîté du pays lui feront du
« bien; qu'il me nomme régente et vous son
« lieutenant. Je lui en ai déjà insinué quel-
« que chose : il n'a dit ni oui ni non, m'a
« écouté... paisiblement, sans cris, sans co-
« lère; c'est déjà beaucoup. Une fois en Pro-
« vence l'abdication sera facile à obtenir.

« Je plains le roi; je l'aime moins que je

« vous porte de l'affection; mais enfin, il
« est, lui aussi, né de mes entrailles. Si lui
« m'aimait... Hélas! il me hait, me voit avec
« horreur, effroi, se recule de ma tendresse,
« ne veut pas de mon attachement, me re-
« fuse sa confiance..... Je le plains... ce mal-
« heureux Charles IX, mais il ne règnera
« pleinement que dans l'autre monde.

« Le roi, depuis quelque temps, ne dort
« plus; il mange à peine. Souvent il refuse
« de ma main, tant je lui déplais, la potion
« calmante que dès son enfance je fais et lui
« présente moi-même chaque soir; il la re-
« garde avec répugnance, avec une sorte d'ef-
« froi; il craint sa mère... C'est abominable;
« une telle injustice brise mon cœur. Il a osé
« me dire que la mort de François avait été
« bien prompte et bien précipitée..... Oui,
« mon fils, lui répondis-je, c'est bien vrai, et
« toute la France trouva qu'elle arrivait bien

« à point pour sauver la vie au prince de
« Condé, à cet audacieux rebelle. Ces paroles
« l'ont rendu méditatif, et depuis lors il n'a
« plus remis ce sujet sur le tapis.

« Quant à votre frère dernier (1), depuis sa
« récente sottise, il est sage, c'est-à-dire qu'il
« médite par quelle folie brillante il fera sa ren-
« trée dans le monde. Nous aurons beaucoup
« de peine à en faire un homme important :
« son esprit est aussi tortu que son corps.
« Mon Dieu! qui a mis cet enfant parmi les
« miens. Vous aurez fort à faire pour le placer
« convenablement, et surtout pour qu'il vous
« laisse tranquille. Il bouleversera le royaume
« jusqu'à ce que six pieds de terre nous en
« aient fait raison.

« De quoi vous parlerai-je maintenant? des
« huguenots, ils arment à force; de notre saint
« père le pape Grégoire XIII? voilà quelques

(1) Le duc d'Anjou.

« mois qu'il règne; son prédécesseur était un
« saint, lui m'a la mine d'un honnête homme.
« Un de mes parens postule pour la chaire de
« saint Pierre... Quelle joie si j'y voyais mon-
« ter un autre Médicis! Je vous devrais ce
« bonheur. Revenez, cher enfant, *que je n'aime*
« *pas et que j'oublie,* je ne veux vous voir que
« presque pape, c'est-à-dire avec deux cou-
« ronnes sur la tête. Ah! si vous épousiez la
« fille d'Henri VIII, la pucelle Élisabeth, que
« je serais triomphante de voir sur votre front
« ce *trirègne* immortel (1).

« Mon escadron volant vous souhaite; les ma-
« ris de jolies femmes déplorent votre retour,
« il les trouble, les tourmente, et j'apprends
« que plus d'un jaloux souhaite votre absence.

« J'achève par vous embrasser, par vous

(1) On appelle *trirègne,* la thiare du pape, qui est cerclée de trois couronnes. Médicis, par là, souhaite à son fils les sceptres de Pologne, d'Angleterre et de France.

« souhaiter mille prospérités. Ah! mon Dieu!
« vous ne croirez jamais assez, méchant
« garçon, ce que je fais et surtout ce que je
« ferai pour vous revoir.

« Votre bonne mère,
« CATHERINE. »

La reine lut deux fois à tête reposée cette épître interminable, enfin, lorsqu'elle eut fini la seconde, elle en lia le tout avec du fil de soie, et quand tout ceci eût été fait, elle les scella de ses armes, puis les remit à un père capucin qui, selon lui, en serait à son douzième voyage de Paris à Varsovie. Cette fois, il n'alla loin non plus que les autres, il s'arrêta à quelque distance d'un monastère de son ordre, siffla de façon convenue, un de ses confrères lui ouvrit. Là, le paquet du moine fut pris par ce dernier qui aussitôt mit ses sandales, serra sa ceinture et partit.

Successivement d'autres moines ou des prêtres séculiers portèrent le paquet à travers l'Allemagne, la Prusse et la Silésie, de cette manière, la correspondance établie entre la reine et son fils déjoua les complots tendus sur la longueur du chemin, dans le but de parvenir à saisir la correspondance qui se maintint constamment.

VI.

Une jeune fille revient toujours sur le passé.

> Avec des souvenirs groupés à notre fantaisie, nous nous accommodons un avenir qui nous plaît.

Tandis que déjà, autour de Marie, tant d'intérêts se croisaient et tant d'hommes cherchaient à surprendre son cœur ou son secret, lorsque la reine Catherine se fut promis de faire tourner à mal, pour le fait de la jeune fille, un amour qu'elle se disposait à rendre criminel, cette douce, tendre et belle Marie rêvait à cet amant mystérieux et si rempli de tendresse, dont la flamme lui procurait le bonheur.

Plusieurs jours s'étaient écoulés, et rien ne ramenait cet amant si ardemment aimé. Marie déjà commençait à livrer son cœur à une vive inquiétude; ce soir-là, elle dort assise dans la seconde pièce, la salle à manger, parce que ce lieu était plus près de l'entrée, et qu'à la venue de son ami, du beau Lothaire de Laon, elle volerait plutôt dans ses bras.

C'était, du reste, l'heure favorable à la méditation, à la rêverie. La nuit ne règne pas encore, bien qu'elle étende son voile parsemé, soit de soleils soit de planètes qui sont errans dans le vaste espace des cieux; une vapeur chaude, descendue sur la brise, porte l'âme aux douces émotions du cœur. Alors Marie venant tout à coup à se remémorer l'histoire de son adolescence :

— Un jour, se mit-elle à dire à soi-même, j'étais dans la maison de la rue *Maubuée*, assise sur le seuil étroit de la porte ; je profitais des dernières clartés du jour. Dans ce moment, un jeune homme à la mine fière et avantageuse, aux manières hautaines, brusques, sans pour cela rien perdre de cette fine et exquise galanterie qui donne tant de prix aux propos d'un inconnu, me vit comme il passait en la compagnie de plusieurs personnes bien vêtues, mieux que lui ; mais c'était cependant son grand air, ses manières relevées qui me le firent préférer, et malgré moi ce fut pour lui que mes regards errèrent sur cette charmante troupe.

La nuit venue, il me fallut rentrer. La sévérité de mon frère ne me permettait, sous aucun prétexte, de prolonger des plaisirs qui, selon lui, deviennent dangereux aussitôt que le soleil n'est plus là pour les éclairer. J'obéis à l'injonction de Robert, et néanmoins j'en souffris beaucoup. Je passai le reste de la nuit et une partie de la nouvelle journée uniquement à voir des yeux, du cœur celui auquel je ne cessai de penser.

« Vers onze heures du matin, ayant achevé les légers travaux auxquels je présidais par la volonté de mon frère, je voulus me mettre à la fenêtre pour voir les passans, ou pour mieux dire, une pensée secrète me disait que je retrouverais à m'attendre celui qui déjà remplissait mon cœur et mes yeux.

« Je ne me trompais pas. Oh! surprise extrême, l'inconnu était debout vis-à-vis notre demeure. Un ami, à la physionomie commune, rébarbative, se trouvait avec lui, ne lui parlait que du ton d'une déférence extrême. Mon amant, je peux lui donner ce titre, car nous

nous étions entendus, me sourit. Je ne répondis pas à cette provocation hardie. Alors mon jeune présomptueux, piqué de ma réserve qui, néanmoins, aurait dû lui paraître convenable, me lança un autre regard de flamme et s'éloigna précipitamment.

« Mon cœur était faible, il ressentit avec amertume ce que cette conduite avait d'injuste; je me promis de l'en punir si nous nous retrouvions ensemble. Bien me prit d'avoir décidé cette conduite : une heure ne s'était pas écoulée lorsque le jeune homme reparut, non pas à pied cette fois, mais bien sur un cheval superbe, farouche, indompté, qui ne cessait de faires des sauts, des soubresauts, des écarts qui me faisaient trembler pour la vie du jeune téméraire qui, sans m'avoir parlé, occupait si profondément les facultés de mon âme.

« Celle-ci, à la vue du péril factice qu'il courait, sentit d'abord s'évanouir sa résolution;

elle porta sur le jeune inconnu des regards de tendresse, et elle lui laissa voir la faiblesse de ses sens et celle de son âme : un doux sourire, un regard plus amoureux furent échangés. Le jeune homme disparut triomphant sur son coursier, qui l'emporta si vite que j'eus encore la crainte qu'il ne désarçonnât ce bel insensé.

« Vers neuf heures du soir, des théorbes, des luths, des guitares jouèrent sous mes croisées ; des voix harmonieuses firent entendre dans cette sérénade des paroles que je me rappelle et qui ne sortiront jamais de ma mémoire, et que je répète toujours avec un nouvel intérêt. Les voici.

CONSEILS A LA SAGESSE.

Jeune beauté,
Ecoute mes leçons,
Fuis les garçons.
Pour toi, conseils du vice
Sont pis que les glaçons
Pour les moissons ;

Quand ils t'auraient ravie,
Tes vertus, tes attraits,
Ils livreraient ta vie
A d'éternels regrets.

Crains celui qui t'invite,
  A vouer tes loisirs
  Aux seuls plaisirs ;
Ces plaisirs passent vite,
Et l'on ne peut saisir
  Le vif désir.
Moins léger dans l'espace,
S'élance le zéphyr,
Et moins prompt l'oiseau passe
Sous un ciel de saphir.

D'une brûlante ivresse
Redoute le poison
  Pour ta raison ;
La fleur qu'amour caresse,
  Objet de ton dédain,
  Périt soudain
Chaste comme l'étoile,
Qui brille au ciel d'azur,
Que ta vertu te voile
Devant le vice impur.

C'était encore l'inconnu ; je le vis en arrière des musiciens, enveloppé dans son manteau et regardant ma fenêtre. Oh ! que la nuit me fut douce, bien que je ne la passasse pas à dormir; je rêvai de celui qui me paraissait si aimable. Les ténèbres le montraient radieux, et l'amour me faisait entendre les paroles que sa bouche eût prononcé s'il m'eût approché.

Le lendemain de bonne heure, je sortis pour aller à mes travaux de ménage... IL était déjà à cheval à se promener dans la rue. Dès qu'il m'eut aperçue, il sauta à terre, courut à moi, et m'abordant avec une modeste retenue, bien que son front portât je ne sais quoi de grand et de superbe qui inspirait le respect.

Que me dit-il ?... vous le savez, vous autres jeunes filles qui aimez; il me parla de sa tendresse, de mes charmes, du bonheur qu'il aurait d'être mon serviteur; il était si gracieux, si aimable, que son titre d'officier de la chambre du roi ne put rien ajouter à l'intérêt que je lui portais.

Depuis ce jour, je le revis, je le reçus dans ma modeste demeure; il y venait souvent, mais avec déplaisir. La porte de la rue, le corridor sale et mal odorant, l'escalier noir et croulant presque sous le poids du corps de ceux qui le montaient, lui avaient déplu, peut-être habitué à vivre à la cour, commensal du Louvre ; la comparaison des lieux le blessait, je cédai. Il me parla du Pont-au-Change, de la maison du barbier-étuviste Massot, et je me hâtai de le satisfaire. Le hasard m'a procuré un logement bien au-dessus de ma fortune; je m'y trouve heureuse parce que Lothaire s'y plaît.

Tout ici m'est agréable. Hier encore n'ai-je pas rencontré un protecteur dans le fils du capitaine de mon père... Oh! comme je vais parler de lui à mon ami! comme je vais le lui recommander!... Un officier de la chambre du roi doit avoir du crédit, et puis Lothaire est si bon, si spirituel, qu'au Louvre on doit le contenter en toute chose... Mon frère qui ne le connaît pas... mon frère que dira-t-il de mon imprudence... Hélas! Robert m'a bien abandonnée... Ah! si sa tête valait son cœur... Que j'ai eu à souffrir de la passion du jeu, de son ivrognerie! Que de fois je suis rentrée honteuse et versant des larmes dans ma petite chambre, pour éviter la présence des créatures qu'il amenait dans la sienne... puis il me demandait pardon... mais l'exemple... il me le donnait.....

Tout à coup la première porte de l'appartement fut ouverte d'une manière si particulière, que Marie, poussant un cri de joie, s'élança et alla tomber dans les bras de son noble et seul ami, elle légère comme le duvet de l'aigle renfermé dans un tissu de soie, fut emportée à travers l'appartement, dans la dernière chambre, par le gentil officier de la chambre du roi. Là il l'assit sur une forme large et molle, et lui passant amoureusement le bras autour de sa taille juvénille, il respira le parfum de sa bouche et s'enivra du bonheur de la voir.

Muets d'abord l'un et l'autre, ils jouissaient délicieusement de ce silence, pour eux rempli de charmes, puis ils passèrent aux doux propos, aux tendres et badines causeries, il y avait trois jours francs qu'ils ne s'étaient pas vus ; trois jours sont une année pour qui aime bien, et Lothaire de Laon, que Marie accusait de cette absence, prit un baiser sur ses joues fraîches et rosées, puis en soupirant lui dit :

« — Tu me crois peut-être libre de mes mouvemens, que je peux aller où il me convient, détrompe-toi. La cour, chère amie, est un lieu d'esclavage pour le roi autant que pour le dernier de ses serviteurs.

« — Ceux-ci, oui ; mais le roi... n'est-il pas indépendant, lui qui commande aux autres ?

« — Tu es, répondit Lothaire, comme le peuple, étonnée de la pompe qui environne le trône; il n'aperçoit pas les chaînes dorées qui y retiennent le roi, les soins extérieurs, la bonne intelligence à maintenir parmi certaines puissances, la guerre à poursuivre contre les autres, les ambassadeurs à recevoir, les hommes habiles à envoyer en tels lieux; au dedans les semences de troubles à étouffer, l'agriculture à rendre prospère, les finances à maintenir, enfin, deux religions qui se haïssent réciproquement, des grands ambitieux, des ennemis secrets... Ah! Marie, Marie!.. le roi n'est guère libre, et de plus il n'est pas heureux.

« — Il n'est pas heureux! lui, le puissant roi de France... que lui manque-t-il?

« — Tous ses sujets le haïssent, le jalousent, et sa famille... Mon amie, le roi est bien malheureux!

« — Il est vrai, dit la jeune fille, que depuis qu'il est devenu le bourreau de ses sujets....

« — Que dis-tu, misérable! s'écria Lothaire en se levant d'auprès de la jeune fille, tandis que son œil étincelait de colère, quel titre infâme appliques-tu à son nom?

« — Et la saint Barthélemy...

« — Tais-toi! oui... tais-toi! Marie... laisse le passé dans le silence du tombeau; n'accuse pas le roi des crimes de cette nuit exécrable... d'autres l'ont poussé dans le précipice.

« — Il signa l'ordre fatal...

« — Et c'est pour cela que depuis cette époque horrible, ses nuits sont sans sommeil, et ses jours sans repos; qu'il voit autour de lui, soit qu'il ouvre les yeux ou qu'il les ferme, les spectres pâles et sanglans... Je te le répète, le roi est bien malheureux.

« — Tous les officiers qui le servent, ont-ils pour lui ton attachement?

« — Je ne le crois pas... Le roi me protège, c'est par lui que je suis en belle position ; je lui dois de la reconnaissance, et c'est me briser le cœur que de le détester.

Marie ne répondit pas, elle baissa les yeux, soupira, puis relevant sa belle tête et regardant son noble ami avec des yeux remplis d'amour :

« — Lothaire, laissons là le roi, bien cependant que si je le connaissais, j'aurais une grande grâce à lui demander.

« — Toi? ma chérie... toi? mon idole... une grâce au roi !... Que peux-tu lui vouloir ?

« — Oh ! rien pour moi, absolument rien... qu'ai-je à désirer ?.. tu m'aimes, cela comble ma vie ; mais un haut baron, le capitaine de mon père, le sire de Lespare, ruiné par les malheurs de la guerre civile, n'est pas à la place que mérite son rang.

« — Je le connais, reprit Lothaire, il vient

à la cour, il est très attaché au roi de Navarre ; c'est d'ailleurs un gentilhomme rempli de loyauté et d'honneur... Tu le connais ?

« — Oui.

« — Il est jeune ; sa taille est avenante, sa figure belle.

« — Je le vis hier pour la première fois.

Les amans, par un mouvement involontaire, se pressèrent la main réciproquement, puis cessant de songer au roi et au sire de Lespare, ils rentrèrent dans le cercle étroit de leur tendresse, ils ne pensèrent qu'à eux. Marie s'aperçut que son amant était moins serein que de coutume, il tombait parfois dans une mélancolie profonde ; poussait des soupirs et promenait vaguement ses regards autour de lui.

La jeune fille tarda peu à s'apercevoir de cet état de son âme. Elle posa sa tête sur son épaule, et jouant avec les boucles de sa chevelure.

« — Qu'as-tu Lothaire ? lui demanda-t-elle, tu souffres...

« — Moi... non.

« — Toi... oui. Tu ne peux me tromper, mes yeux suivent sur tes traits les émotions de ton âme... cesserais-tu de m'aimer ?

« — Que dis-tu ! s'écria impétueusement le jeune homme... Moi, ne plus te chérir !.. moi, moins amoureux, hélas !.. La tendresse que je te voue, est le seul charme qui me rattache à la vie, c'est le baume que la Providence réservait aux blessures de mon cœur... Oui, sois tranquille, sans soucis, sans terreurs involontaires, c'est auprès toi, lorsque des injustices me blessent ou m'aigrissent, qui adoucit leurs pointes acérées, c'est encore toi ; tu es ma consolation, mon ange réparateur... Non, non, je cesserai de vivre et pas de t'adorer...

Ces expressions passionnées charmaient la

jeune fille, ses yeux en rayonnaient de bonheur, elle riait à tout ce que son imagination lui retraçait, et satisfaite et enivrée d'une pure allégresse, elle dit :

« — Lothaire, tu as pourtant du chagrin...

« — Oui, c'est vrai, je ne puis le nier, je suis tourmenté... ma famille m'est cruelle.

« — Quoi ! tes proches ne savent pas combien tu es bon ?

« — Ils disent que je suis un tyran, parce qu'ils me détestent et veulent me perdre.

« — Que dis-tu, Lothaire... et ton père ne te défend pas ?

« — Je ne l'ai plus.... une mort violente, affreuse... me l'a ravi.

« — Et ta mère ?

« — Ne m'aime pas... J'ai deux frères, elle préfère mon puîné.

« — Ne te trompes-tu pas ? ta délicatesse exaltée permet-elle de bien voir ?... Non, ta mère ne peut te refuser son amour.

« — Elle me le refuse.

« — Et pour quelle cause ?

« — Elle veut... elle veut... que je lui cède le gouvernement de ma maison.

« — C'est ta mère, mon ami.

« — Je le sais, et cependant je ne puis la satisfaire... des règles imposantes, antiques, sacrées s'y opposent. D'ailleurs, ma mère porte, t'ai-je dit, tout son amour sur mon puîné, c'est pour lui transmettre mon pouvoir, mon autorité, qu'elle veut que je le lui remette... Ah ! Marie, que les maisons divisées sont malheureuses.

« — Pauvre Lothaire ! répliqua la jeune fille en le voyant pâle, tremblant et sombre; tandis qu'elle posait un baiser sur son front, ta famille est donc bien en querelle?... Est-elle pareille à celle du roi ?

« — Que dis-tu ?

« — Mais tout le monde dans Paris sait assez que la reine-mère n'aime pas le roi.

« — Tout Paris le sait...

« — Qu'elle ne pouvait voir également avec plaisir sur le trône le jeune François II.

« — Ah! on le dit aussi!

« — Oui... et autre chose avec encore.

« — Apprends-le moi, ma chère amie, ces mensonges ne viennent pas à nous... on craint de les répéter sous les voûtes du Louvre.

« — Eh bien, on assure que, redoutant le crédit que la beauté de la reine d'Écosse prendrait sur le roi son mari, l'altière Catherine a donné à son fils aîné un de ces poisons que l'Italie fournit et qu'on y prépare.

« — Oh! quelle horreur!.. Eh bien, je m'en doutais, dit le jeune homme en se parlant à soi-même.

« — La reine-mère est Italienne; elle est d'une famille où le fer et le venin jouent un grand rôle.

« — On me l'a dit.

« — Le roi de Pologne est celui qu'elle préfère.

« — Cela se voit dans la moindre de ses démarches... et peut-être aurait-elle envie de donner à ce fils chéri la belle couronne de France.

Lothaire tomba dans une rêverie morne. Il était facile de voir combien était extrême l'attachement qu'il vouait à Charles IX. Cependant Marie se mit à lui montrer ses cahiers d'écriture, ses thèmes d'italien et d'espagnol; elle chanta pour lui prouver ses progrès.

« — Tu es charmante, dit le jeune amant en la serrant dans ses bras; que tu es prompte à apprendre, mais aussi que ton maître est habile... J'ai toujours oublié de te demander son nom.

« — Oh! c'est un bon vieillard, vert encore, gai, jovial, et surtout serviteur dévoué du roi; il s'appelle Ronsard.

« — Pierre Ronsard ! s'écria Lothaire ; quoi ! le fameux poète, le plus grand de notre époque, celui que Charles IX aime, celui à qui il adressait ces vers que l'on trouve assez beaux et que Ronsard lui-même disait qu'ils iraient dans la postérité aussi loin que les siens... T'en a-t-il parlé ?

« — Non, mon ami.

« — L'ingrat ! repartit Lothaire d'un ton piqué ; eh bien, je les sais ; je vais te les réciter, te les apprendre par cœur, et tu le feras rougir de son ingratitude.

Il dit, et avec une chaleur et un débit poétique, peu communs à ceux qui répètent les vers d'autrui, Lothaire fit valoir ceux du roi.

> L'art de faire des vers, dût-on s'en indigner,
> Doit être à plus haut prix que celui de régner.
> Tous deux également nous portons des couronnes,
> Mais roi, je les reçois, poète, tu les donnes.
> Ta lyre, qui ravit par de si doux accords,
> T'asservit les esprit dont je n'ai que les corps ;
> Elle t'en rend le maître et te fait introduire
> Où le plus fier tyran ne peut avoir d'empire.

VII.

Tableaux de Cour.

> Les rois qui perdent tant avec la flatterie, se refusent toujours à gagner gros au moyen de la vérité.

C'était dans la grande salle, en avant du cabinet de la reine-mère. Une foule de hauts seigneurs, de gentilshommes, d'ecclésiastiques, de membres du parlement de Paris, quelques artistes célèbres de l'époque, étaient là réunis en attendant l'audience de S. M. Catherine de Médicis. Dans l'embrasure de la fenêtre la plus rapprochée de la porte par où S. M. entrerait, on remarquait un groupe formé de cinq personnages les plus éminens en rang ou en faveur : Monsieur Henri, duc de Guise, prince lorrain et chef de la branche de cette maison souveraine établie en France ; Henri I, duc de Montmorenci, chevalier de l'ordre, maréchal de France, fils du grand connétable Anne, tué à la bataille de Saint-Denis ; le maréchal de Tavannes, vieillard encore vert, instigateur principal de la saint Barthélemy ; le maréchal de Retz, chef de la maison de Gondi, issu de race royale, selon ses membres, et sorti d'un sang moins illustre à en croire la malice de ses compatriotes ; le dernier du groupe portait la simarre violette, rattachée par une ceinture de soie rouge ; il portait le mortier de drap d'or, orné en chef d'un rang de perles : c'était messire de Birague, garde-des-sceaux de France, en l'absence de Michel de L'Hôpital, chancelier inamovible alors en pleine disgrâce, et retiré en vrai philosophe à sa terre de Vignay.

Le duc de Guise, dont les descendans et lui-même furent si funestes à la France, était d'une beauté merveilleuse : grand, élancé, tout en force ; néanmoins il marchait avec la dignité d'un monarque. Rien qu'à le voir on comprenait de quel amour on devait s'éprendre pour lui, quand on était femme, et l'on ne s'étonnait pas, à l'aspect de ses manières ouvertes, affables, engageantes, de l'affection excessive que lui vouait la bourgeoisie de Paris. Préoccupé d'accroître le pouvoir et la fortune de sa maison, il rêvait de la couronne de France, qu'il espérait des fausses démarches de la reine-mère, des extravagances de son fils bien-aimé, de l'attachement du peuple et des intérêts du clergé liés étroitement aux siens.

Henri de Montmorenci, aussi beau, peut-être moins aimable, possédait, avec des vues moins vastes, une aussi ardente ambition. Cependant celle-ci n'allait pas jusqu'à se flatter de succéder par un crime à la famille royale; mais il attendait de son courage, de son épée, de l'amitié des soldats et de la moyenne noblesse, une autorité dont il saurait tirer un bon parti.

La carrière de Tavannes semblait finie, et cependant celui-là intriguait encore; il voulait conserver son influence dans le conseil, et en conséquence se rapprochait de Catherine, dont il connaissait le crédit. Au reste, Français de cœur et d'âme, il n'aurait aidé en rien le duc de Guise, et celui-ci le savait, et néanmoins feignait de le prendre pour un de ses amis.

Le Florentin maréchal de Retz, comte de Gondi, avait, lui, d'autres intérêts que ceux des gentilshommes français. Etranger, ayant édifié une belle fortune, il tendait non-seulement à la conserver, mais encore à l'accroître ; dès lors il regardait à qui il devait s'allier. Les Guise lui offraient beaucoup ; mais se ressouviendraient-ils de leur promesse ? n'auraient-ils pas à payer les services des indigènes, plus forts sur leur terrain que lui, qui serait perpétuellement isolé pendant au moins un demi-siècle. Il lui valait donc mieux s'attacher à la maison régnante, et en perspective à celle de Bourbon. Superstitieux à l'excès, malgré son esprit et même son génie, il avait envoyé au célèbre astrologue Luc Gauric, le thème de nativité du roi de Navarre. Il apprit en retour que ce prince porterait deux couronnes, et c'en était assez pour lui attacher le maréchal Florentin ; car, soit qu'Henri montât sur le trône d'Espagne ou sur celui de Pologne, il n'en serait pas moins un grand souverain... et si par cas c'était celui de France que la destinée lui réservait !!!.....

Le maréchal de Retz n'aimait pas Charles IX, il le craignait; il eût préféré le roi de Pologne. Aussi entrait-il dans la brigue par laquelle on se flattait de déterminer le monarque régnant à céder le sceptre à son frère.

Quant au chancelier de Birague, autre Italien sans moralité, sans vergogne, avare avide, vindicatif, jaloux, ennemi des hommes de mérite, conseiller des moyens extrêmes, il avait joyeusement, lors de la saint Barthélemy, arraché les sceaux au vertueux L'Hôpital, afin d'avoir le bonheur de se baigner dans le sang odieux des sectaires. Tout à Catherine, au roi de Pologne, il haïssait Charles IX, parce que celui-ci regrettait L'Hôpital, le disait à haute voix en public, et sans même s'embarrasser si le garde-des-sceaux entendait cette plainte désagréable.

Le roi de Pologne, au contraire, affectionnait Birague, son esprit, la fertilité de ses inventions ; il le croyait plus habile qu'il ne l'était au fond, et il se promettait, s'il venait jamais à occuper le trône, de l'employer à son service intime et public.

Ces cinq personnages, au fond ennemis les uns des autres, étaient appelés ce jour-là par ordre de la reine-mère. Chacun essayait de ne pas attirer sur lui l'envie des autres courtisans, en faisant connaître la secrète intelligence qui le rattachait à la reine.

En arrière d'eux, plusieurs cercles dont ils formaient le centre, étaient composés de l'élite des courtisans les plus en position d'être distingués. Là on remarquait à leurs charmantes figures Nogaret de La Valette, depuis duc d'Épernon ; Bellegarde qui, devenu duc et pair aussi, chevalier, en outre, de l'ordre du Saint-Esprit, lors de la création, se perpétuerait sous le règne d'Henri IV ; Joyeuse, devenu le beau-frère du roi, dont il était l'ami ; Saint-Mégrin, sur qui s'appesantirait la terrible colère du duc de Guise ; elle ne put s'éteindre que dans le sang.

En dehors de ces favoris en espoir, car déjà le roi de Pologne les avait flattés de son attachement, on voyait messieurs de Noé, de Castelpers, d'Effiat, Saint-Luc, Duras, Brancas, Durfort; le sire de Lespare était là, causant avec l'archevêque de Toulouse, l'abbé de Lussan, et un moine de l'ordre des Célestins, nommé frère de Variclery.

Vers l'angle le plus éloigné du cabinet, on voyait assis un homme de riche taille, il avait une barbe blanche, des cheveux et les cils, les sourcils, de la même couleur ; ses yeux, grands et bleus, se montraient remplis d'un feu modeste, d'une bonhomie parfaite, qui lui donnaient un air doux, bon et simple, démenti souvent par les réponses fines et malicieuses qui lui échappaient. La bouche de ce personnage était large, avait de grosses lèvres qui, dans leur état ordinaire de repos, semblaient boudeuses ou dédaigner de s'ouvrir pour parler, cependant, lorsque des paroles s'en échappaient, c'était un fleuve de miel et de lait, une éloquence facile, pompeuse, entraînante, un art extrême de déguiser sa pensée, et une rare habileté de surprendre et de profiter de celle des autres.

Un bonnet pointu, d'ampleur, de forme extraordinaires, bâti en velours violet et orné de plusieurs bandes étroites d'hermine, une longue robe de drap violet, traînante et garnie au bas d'une bande de velours rouge sur laquelle on avait brodé en soie noire des dessins bizarres, des lettres hébraïques et arabes, les symboles que les sciences occultes imposent aux planètes, aux signes du zodiaque et aux métaux, achevaient la parure de cet être singulier, peu connu de la foule, mais dont les grands seigneurs appréciaient la position à la cour.

C'était l'astrologue de la reine-mère, le régulateur secret de ses entreprises, le directeur de ses coups d'état. De lui dépendait la vie ou la mort des meilleurs amis, des ennemis de Catherine. Si Bernard del Abbatia représentait comme dangereux un homme, n'importe son rang, sa sentence fatale n'en était pas moins exécutée. Si au contraire, un fourbe adroit se ménageait une liaison conservatrice avec le magicien, le tireur d'horoscopes, le faiseur de calculs, il pouvait surprendre la curiosité publique, s'abandonner à d'odieuses passions. La protection triomphante del signor Abbatia lui aplanissait toutes les voies.

On causait à voix basse, tous ayant l'air occupé de sa conversation particulière, et peu n'essayant pas, à l'aide d'une oreille exercée, de surprendre les secrets à l'un de ses voisins. Dans ce moment, un bruit singulier de grelots, de petites clochettes, de chaînes épaisses d'or et d'argent, se fit entendre; les spectateurs tournèrent les yeux vers une petite porte de l'appartement intérieur de Catherine, et un rire universel salua l'individu qui faisait son entrée avec ce tapage. C'était le fou de la reine, le célèbre malin Brusquet, qui se présentait joyeusement, vêtu d'un habit étroit, collant, sans plis, mi partie de blanc et de rouge, galonné d'or sur toutes les coutures, un quadruple rang de grelots d'or ou d'argent figurait sur sa veste la multitude de boutons dont Certain les décorait; des clochettes pendaient à ses coudes et aux pans déchiquetés de sa veste, d'autres grelots garnissaient son pantalon ; un bonnet pointu, sommé d'une houppe mi partie enjolivé de clochettes, une marotte représentant la *mère sotte*, et elle aussi environnée de cloches et de grelots, annonçaient l'emploi de Brusquet, et combien il fallait craindre de le mécontenter ou de lui être désagréable.

Il s'avança vers le milieu de la salle, là, il fit quatre révérences générales vers les points cardinaux, on les lui rendit en éclatant de rire, et lui alors gravement : *Bonjour, frères et bons cousins*, dit-il. Cette manière de mettre à son niveau l'honorable assemblée, divertit certains de ceux qui la composaient, et mécontenta les autres. Un double murmure d'hilarité ou de mauvaise humeur le lui apprit ; mais lui, incapable de s'offenser du courroux des uns et de se réjouir de la bonne volonté des autres, se mit à chercher çà et là qui d'abord il attaquerait de part et d'autre. L'astrologue le frappa par son costume extraordinaire, aussi courut-il à lui, et le prenant par la main :

« — Compère, lui dit-il, eh bien, les dupes donnent-elles cette année ? continues-tu à lire à prix d'or dans le grand livre du ciel ?

« — Tout ce que je sais seulement, répondit signor Abbatia, c'est que les verges ne sont pas renchéries, et que qui voudra te fouetter, pourra s'en procurer à bon marché.

« — Diable !.. diable !.. confrère, répliqua le porte-marotte, toi et moi devons nous bien tenir sur nos gardes... il n'y a qu'heur et malheur dans le monde, et une méchante rencontre est sitôt faite !!!... Bath ! au reste, deux nous sommes, deux en nous soutenant comme doivent le faire deux amis, deux gardiens de la vérité; nous pousserons loin notre carrière.

Il s'arrêta, se recula de plusieurs pas, à la

satisfaction de celui qu'il venait de si bien turlupiner, et apercevant Réné de Birague qui, par son double caractère de prêtre et de garde-des-sceaux, se croyait fort au-dessus de ses plaisanteries. Il courut droit à lui, et après lui avoir fait deux profondes révérences :

« — Ah! chevalier (1), dit-il, voyez combien le monde est bizarre... toute votre magnificence donne moins de lustre aux sceaux que lorsqu'ils étaient à l'hôpital.

A ce jeu de mots cruel, Birague blêmit et rougit tour à tour ; le maréchal de Retz eut pitié de son compatriote, et voulant venir à son secours :

« — Ah çà ! Brusquet, mon ami, lui dit-il, combien de sauvegardes royales contre les coups de bâton as-tu dépensées ce matin ?

(1) Le titre de chevalier était affecté aux chevaliers, comme le plus éminent auquel un gentilhomme put prétendre.

« — Pas autant que j'en reçois de ma bonne maîtresse qui tient à me récompenser du soin que je mets à fournir d'oiseaux de proie la fauconnerie. Hélas ! celle-ci serait plus nombreuse, mais Cathau a fait venir de si méchans retz, que rien n'y demeure et tout passe.

Le respect et la crainte que Gondi inspirait, empêchèrent le commun de l'assemblée de rire à cette apostrophe, mais le duc de Guise, M. de Montmorenci, et le cardinal d'Armagnac, archevêque de Toulouse, qui venait d'arriver, ne se gênèrent pas et éclatèrent. Il était convenu que nul ne se blesserait de la gaîté inspirée par le fou de la reine.

Cependant Brusquet frappait si dru et si droit, que les plus huppés n'osaient l'attaquer. Lui, pendant ce temps, s'était remis à promener ses regards sur l'assemblée; tout à coup, il alla vers le duc de Guise, et avec une mine sérieuse :

« — Ah! monseigneur, lui dit-il, que faites-vous de ce gentilhomme dangereux et de mauvais exemple... Oui, c'est du sire de Lespare que je vous parle... Croyez-moi, chassez-le; que fait-il en si bonne compagnie, ne sait-il pas qu'il y est déplacé?.. Il est jeune et n'a pas de maîtresses qu'il paie ou qui le paient; il est pauvre, et on ne lui connaît pas un créancier. Il arrive au camp le premier et en repart après tous les autres. Il est sans ambition, sans intrigue, croit à la valeur d'un serment, ne sait être le valet que du roi son maître, et est d'autant plus fidèle à celui-ci, que celui-ci est plus malheureux. Comment tant de loyaux seigneurs, qui ont tour à tour servi des drapeaux contraires, qui courent au plus fort avec empressement, qui pressurent amis, maîtresses, marchands, leurs valets même, comment, dis-je, ceux-là acceptent-ils un tel voisinage et un pareil exemple?

Le sire de Lespare, en paraissant attacher de l'importance à sa conversation avec le cardinal d'Armagnac, se sauvait des éloges qui lui étaient dus, mais l'épigramme universelle qui atteignait tous les courtisans, eut peu de succès; un murmure de dépit s'éleva. Brusquet aussitôt se décoiffa, et jetant son chapeau par terre :

« — Allons! cria-t-il, voici le gage du combat... Qui se sent blessé de mon propos, le relève!.. je suis prêt.

Et se servant de sa marotte en guise d'épée, il se mit à gesticuler comme s'il eût à se défendre contre un adversaire irrité.

Certes, c'eût été descendre au-dessous de Brusquet et lui donner en soi un avantage immense que d'accepter le gage de ce ridicule combat. On le laissa faire. Les plus offensés montrèrent le plus d'indifférence, et lui, recommençant à se promener, passa contre le sire de Lespare, le frôla, et en même temps lui dit :

« — Dans une heure... sous la première nef de Saint-Germain-l'Auxerrois.

Des Suisses de la garde parurent à la porte du cabinet de la reine; ils heurtèrent le plancher du gros bout de leur hallebarde, puis un gentilhomme cria :

« — La reine-mère !.. messieurs.

Les divers colloques furent suspendus, et l'on se rapprocha pour former un longue haie, redoublée sur plusieurs rangs. Dès que Brusquet eut entendu annoncer la reine, il courut se placer à côté d'un des Suisses, et lorsque Catherine fut entrée, il prit un pan de son ample robe, disputant aux pages de S. M. cette fonction honorable.

Tous, les yeux attachés sur cette belle et habile princesse, la laissèrent voir sérieuse et mélancolique. Elle, apercevant le cardinal d'Armagnac, alla vers lui et lui demandant sa bénédiction en vraie fille de l'Italie :

« — Révérence sérénissime, dit-elle, accordez-nous le secours de vos saintes prières, nous en avons bon besoin, car notre cœur est bien navré.

Elle fit quelques pas, et tandis que le duc de Guise, la saluant avec cette bonne grâce, exquise, qui donnait de la majesté à cet acte de soumission :

« — Monsieur le duc, dit-elle, si vous rencontrez Ambroise Paré (1) à votre sortie du Louvre, dites-lui que je le fais chercher partout Paris.

Brusquet, ces paroles ouïes, ayant accom-

---

(1) Ambroise Paré, père de la chirurgie française, naquit à Laval vers 1510. Il fut successivement premier chirurgien de François I, Henri II, François II, Charles IX, Henri III. Il mourut en 1590, à Paris, laissant une mémoire immortelle.

-modé sa main gauche en forme de porte-voix, y souffla dedans en imitant le son de la trompette.

« — Eh! méchant fou, lui dit Catherine, que fais-tu?

« — Le devoir des officiers de V. M.; j'appelle à cri et à cor cet habile homme, assez impie pour guérir les gens sans aller lui-même à la messe.

« — Brusquet, mon ami, toutes les oubliettes du bon roi Louis XI ne sont pas détraquées.

« — Oh! ma cousine... aurais-tu dans ton conseil un arrière-petit-fils de Tristan-l'Hermite?

Et le malicieux fou dirigeait sa marotte vers le garde-des-sceaux. Cependant le duc de Montmorenci, inquiet de ce qu'il venait d'entendre, fit un tel signe de menace, que le spirituel insensé comprit que l'heure de se taire était venue, aussi se garda-t-il cette fois de répliquer, et le duc, prenant la parole :

« — S. M. le roi de Pologne serait-elle incommodée ?

« — Non, certes, repartit la reine vivement, Dieu ne me frappe pas encore de ce coup... ce n'est pas qu'elle ne m'atteigne rudement aujourd'hui, oui, messieurs, dit la reine en élevant la voix, mon cœur est brisé d'amertume et de craintes... le roi est très malade... ou du moins, a-t-il besoin d'un grand repos...

A cette révélation inattendue, les rangs se déformèrent, et sans trop de respect pour l'étiquette, on se rapprocha de la reine qui alors se mit à dire :

« — Hier au soir, à son coucher, le roi parut harassé, soucieux, moite de sueur, il parlait peu, sa contenance était mélancolique, il se coucha néanmoins sans péril apparent... mais à une heure du matin, tout à coup il s'est jeté bas du lit, et quittant même sa chambre, a couru dans diverses pièces en poussant des cris désordonnés et que l'on ne comprenait pas. Au point du jour il est rentré pâle et abattu, défait, et à peine étant recouché, que le sang est sorti à flots de la bouche, de ses oreilles, de ses pores. Ambroise Paré est accouru; il avait promis de revenir avant le dîner, et celui-ci est achevé, que le chirurgien n'était pas de retour, ce n'est pas que je craigne rien de sérieux, poursuivit Catherine en affectant de hausser le ton, le tempérament du roi est vigoureux, mais une mère s'alarme et pleure dès qu'elle voit souffrir son fils.

L'accent maternel qu'employa la reine, en prononçant ces derniers mots, fit élever autour d'elle un murmure de louange et de flatterie.

« — Et que fait maintenant le roi, demanda le cardinal d'Armagnac.

« — Il est seul dans sa chambre où il a défendu qu'on le dérange, il a écrit plusieurs billets, ce qui m'a rassurée.

« — A qui? dit rapidement le garde-des-sceaux en se penchant à l'oreille de la reine.

« — Tous ont été suivis hors un..... messieurs, vous m'excuserez, si aujourd'hui je ne prolonge pas l'audience, mais le trouble de mon cœur ne laisse pas à mon esprit le calme nécessaire à vous écouter, de telle sorte que je puisse me ressouvenir de ce qui vous concerne, de ce que j'aurais tant de peine à oublier.

Une révérence clôtura la brève audience, la reine rentra dans son cabinet après que le mouvement de ses yeux eut fait connaître aux ducs de Guise et de Montmorenci, à MM. de Retz et de Tavannes et au garde-des-sceaux, qu'ils étaient retenus pour un conseil secret, il fallait que le trouble de sa majesté fût poussé au plus haut degré, car elle n'avait pas vu son astrologue à qui elle avait fait donner l'ordre de venir à elle promptement.

Le signor Bernardino ou Bernard d'Abatia, plus qu'étonné de cet abandon, ne fut pas le dernier à se lever et à sortir de la salle; il trouva en se retirant, le signor Baptisti Angelo, valet de chambre Florentin, venu d'Italie avec la princesse, et par conséquent investi de toute sa confiance; c'était lui qui ce jour-là avait reçu de Catherine la mission d'appeler l'astrologue, aussi celui-ci tout oppressé de colère, se plaignit à lui de l'affront qu'il recevait.

« Soit, dit-il, que sa majesté fasse à sa tête, qu'elle s'adresse à Paré plutôt qu'à moi, qu'elle appelle le secours de la science humaine avant celle des choses divines, nous verrons ce qui arrivera avant peu, si le roi sera plutôt guéri par les simples que le médecin emploiera ou par les lumières célestes que les astres me fourniront exactement.

Baptisti Angelo, véritablement crédule, laissa percer sur sa figure naïve son épouvante et sa douleur, puis reprenant l'adresse qui lui avait tant de fois servi à détourner de dessus sa maîtresse des périls autrement importans, il saisit l'astrologue par sa robe ample, et en même temps :

« — Et signor Bernardino, lui dit-il, pourquoi mal juger des intentions d'une aussi grande reine, non-seulement vous n'êtes ni mis en oubli ni dédaigné, mais de plus, comme l'audience qu'elle vous destine sera longue, en attendant qu'elle en trouve l'heure, elle m'a chargé de vous conduire dans mon appartement où des mortadelles de Milan, des saucissons de Bologne, un pâté de perdreaux de Vérone vous attendent avec deux bouteilles de Monte-Fiascone, et deux du *Lacrima-Christi,* n'est-il pas agréable, signor Bernardino de retrouver sa *carissima patria* au milieu de l'aquatique Paris.

L'astrologue, charmé de voir se tourner à bien le désagrément que la reine-mère avait fait peser sur lui, accepta la proposition du spirituel et du dévoué Baptisti Angelo, et en face des mets de haut goût et irritans du pays natal, il attendit avec une patience stoïque et prolongée que la reine le fît appeler.

FIN DE LA PREMIÈRE PARTIE.

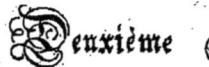

VIII.

Le Pandemonium au Louvre.

> Toutes les fois que Satan veut tenir conseil, il ne convoque pas les diables aux enfers ; mais si en son chemin il rencontre une cour, il s'y installe, en appelle les habitans, et il les conduit si bien, qu'il ne s'aperçoit pas de la distraction.

Par diverses issues secrètes, plus ou moins connues des habitans du Louvre, les hommes d'état convoqués par la reine-mère, se réunirent non dans son grand cabinet ni dans son oratoire, mais dans une chambre de médiocre étendue, cachée elle-même au centre des constructions diverses du vieux château. Le lieu était bien choisi pour parler d'affaires. L'épaisseur des murailles, l'élévation des croisées, le prolongement du corridor obscur par où l'on y parvenait, tout se réunissait pour compléter l'isolement de cette salle gardée seulement par deux muets point aveugles, et si prestes au service qu'on ne pouvait les croire sourds.

Là, successivement arrivèrent M. de Guise, les trois maréchaux de Tavannes, de Montmorenci et de Retz; la reine amena avec elle le garde-des-sceaux, René de Birague. Catherine l'avait appelé le premier pour lui communiquer le cas de ce billet écrit, croyait-on, par le roi de France, et disparu de ses mains sans que la destination en eût été sue.

Birague, piqué au vif d'une adresse luttant contre sa science, prit avec la reine l'engagement de lui faire savoir dans quelles mains la missive du roi de France avait été remise par lui, et à qui ce premier entremetteur l'aurait confiée ou apportée.

Certes, ni la reine, ni Birague ne soupçonnaient la vérité, c'est-à-dire que le fou Brusquet, homme d'esprit sous son enveloppe triviale, rempli de gaîté et de sens, était en outre le serviteur le plus intelligent, le sujet le plus fidèle de S. M. Charles IX. C'était lui qui, se trouvant par hasard seul et jouant dans la chambre du roi, après qu'un traître valet de chambre avait fait le compte des lettres ou billets écrits par S. M., avait lui, Brusquet, reçu de Charles IX en personne l'ordre exprès de faire tenir sûrement et avec le plus grand mystère les mots ci-joints à l'adresse que portait la suscription.

« Ma chère et belle amour, je t'adore de
« tout mon cœur ; il m'en coûte horriblement

« de t'annoncer une mauvaise nouvelle, mais
« encore j'aime mieux que tu le saches de moi
« que si mon silence forcé et mon absence
« par trop prolongée... Écoute-moi... Plains-
« moi... ne cesse pas de me chérir... car sans
« ton amour, il ne me restera plus rien sur la
« terre.

« Le roi est malade et malade dangereuse-
« ment, mon emploi est tellement lié à sa
« personne, que si je ne me mets pas au lit,
« près de lui, du moins il ne m'est pas per-
« mis de sortir de sa chambre, ma liberté dé-
« pend donc de sa convalescence. Oh ! mon
« amie, si tu veux me revoir promptement,
« forme des vœux pour le retour de la santé
« du roi... reviendra-t-il à la vie, j'en doute,
« tu m'as anéanti naguère en exprimant de la
« haine pour le roi, ainsi tous les deux seront
« divisés dans un sentiment si doux.

« Le roi a passé une nuit affreuse, des fan-

« tômes hideux, des torrens de sang, des vic-
« times qui l'accusent de tous leurs mal-
« heurs...... Elles ont tort, le roi est moins
« coupable que les perfides conseillers qui le
« poussèrent dans le mal... Adieu, la fatigue
« m'accable, je souffre avec le roi et je ne me
« guérirai qu'avec lui. »

Charles IX écrivit ce billet, le cacheta, y mit l'adresse, et comme je l'ai dit, le confia au soin de Brusquet; mais celui-ci ayant réfléchi que dans un moment pareil, son absence du palais serait remarquée, examina l'adresse et y vit l'indication du logis où demeurait le sire Lespare, ce dernier jouissait à la cour d'une réputation brillante qu'aucune aventure fâcheuse n'avait terni. Brusquet, en outre, aussi bon partisan du roi de Navarre que de Charles IX, savait que le baron Hugues était l'un des chefs auxquels des Basques, des Navarrois, des Languedociens avaient consacré le commandement suprême, pour déterminer la délivrance de ce monarque autant cher à ses sujets que lui-même les portait dans son cœur.

Certain de ne pouvoir employer d'agent plus fidèle, Brusquet donna mystérieusement un rendez-vous au baron de Lespare, dans l'antique paroisse royale de Saint-Germain-l'Auxerrois. Cette vieille collégiale qui remonte, pour son origine, aux premiers temps de la monarchie, n'avait pas encore été profanée par ce ciseau vandale qui, vers la fin du règne de Louis XIV, avait substitué dans l'intérieur des ordres grecs d'un mauvais goût révoltant au gothique si pure, si suave, des siècles qui précédèrent la renaissance : des peintures de Pinaigrier, ou des grands artistes de son temps, ornaient les vitraux de ce luxe de couleurs lumineuses; la clarté du jour se répandant doucement sur des masses sombres aux teintes obscures. Les nefs des bas côtés, pour peu que le soleil ne luisît pas dans sa splendeur accoutumée, restaient enveloppées dans des ténèbres visibles, favorable à la piété sincère et à la déloyauté des amans : on ne pouvait facilement reconnaître ceux que leurs affaires de cœur ou d'amour pieux y attiraient.

Brusquet en y appelant le baron Hugues avait pour lui, en outre, la proximité du Louvre; puis, aux alentours du roi très chrétien qui se serait formalisé que même le Fou de la reine allât dans la paroisse royale, soit pour y entendre le saint sacrifice de la messe ou le rosaire, ou d'autres devoirs religieux.

C'était donc le lieu le meilleur de tout Paris, pour conduire à bien une intrigue de ce genre. Brusquet, au lieu d'y courir incognito, s'y rendit avec gravité directement, traversa toute l'espace, fut d'abord autour du chœur, puis profitant du moment, où l'église était à peu près deserte; il passa au lieu précis qu'il avait indiqué au jeune homme; celui-ci était déjà à son poste, Brusquet s'approchait de lui.

« — Sire baron, dit-il, vous aimez le roi de Navarre ?

« — Après Dieu il me commande.

« — Eh bien, prenez ce billet que je cache sous ma chaise, emparez-vous-en dès que je me serai retiré, et au nom de votre roi, qui est aussi le mien; allez à l'instant même le remettre entre les mains de la personne qui l'attend.

Le baron ayant acquiescé à tout ceci par un signe de tête, Brusquet dépêcha sa prière et revint au château du Louvre faire preuve d'alibi, mais ceci ne fut pas nécessaire, nul ne s'était aperçu de son absence.

Le Fou de la reine sortait à peine de l'église, lorsque le baron Hugues regardait, à la faible lueur qui parvenait à lui, quelle personne était en correspondance avec le roi de Navarre, car Brusquet, par la forme ambiguë donnée à la confidence, avait, par le fait, mis une obscurité habilement accommodée, il devait sembler que le billet était non du roi de France, mais de celui de Navarre.

Le baron Hugues, surpris du nom charmant qu'il trouvait écrit sur la suscription de la lettre, en ressentit néanmoins une douleur violente, un dépit mêlé de colère.

« — Ainsi donc, se dit-il, ce qui était venu à moi comme une rumeur vaine, était une réalité. Le roi de Navarre, sans respect pour le sang pur, pour le nom honorable d'un vieux soldat qui combattit pour ta religion, qui mourut pour elle et pour toi, tu n'hésites pas à l'avilir dans ce qu'il a de plus sacré dans son honneur, dans sa délicatesse.

Il y eut un moment où, le baron indigné du rôle que son maître lui faisait jouer, le détermina presque à combattre la passion coupable d'Henri de Bourbon et à déchirer la missive sacrilège, déjà même, il y portait la main, lorsque le respect, la fidélité vinrent à leur tour lui rappeler ses devoirs, et rougissant de sa faute, il renferma dans les plis de sa ceinture le billet royal, et se détermina à le porter à son adresse.

Pendant ce temps les cinq seigneurs appelés dans le cabinet de la reine, ne manifestaient pas la vive curiosité qui les tourmentait; chacun cherchait à plaire aux autres, afin de se les rendre favorables; et le duc de Guise commençait le rôle de chef des factieux, qu'il continua jusqu'à sa mort.

Catherine parut la dernière; elle était triste et méditante : elle se voyait dans la nécessité de parler au-delà de ce que la prudence voulait.

« — Messieurs, dit-elle, le roi est malade...

il l'est beaucoup ; la jeunesse lutte en lui contre la souffrance... mais d'un moment à l'autre je puis avoir à pleurer sur un de mes fils.

« — S. M., naguère, jouissait d'une santé meilleure, dit le maréchal de Retz, tandis que les autres courtisans pensaient à ce que la reine venait de dévoiler ; comment aussi vite son tempérament a-t-il faibli?

« — Il joue beaucoup du cor, reprit la reine; sa poitrine est oppressée ; il va souvent à la chasse, rentre mouillé, suant, et ne se soigne pas. Il passe de mauvaises nuits..... oui, bien pénibles..... le cauchemar l'assiège..... il croit voir... il se retrouve..... à la nuit de la saint Barthélemy.

« — Des vertiges, dit Birague.

RETZ.

Des remords.

Les autres n'ajoutèrent rien à ceci.

LA REINE.

Alors son imagination tourmentée pèse sur

son sang et le fait jaillir avec violence au dehors, et lui, tout accablé, tout sanglant, parcourt sa chambre et se voit poursuivi par les coupables dont il punit les crimes et devança les projets.

« Des apparitions ! s'écria Montmorenci.

TAVANNES, *avec un sourire féroce.*

Des illusions, monsieur le maréchal.

LA REINE.

Toutes ces causes de souffrance exigent des soins, une vie douce et calme, un climat moins âpre que celui de Paris; il aurait besoin d'aller s'établir en Provence, sans tracas d'affaires, sans inquiétudes d'âme, et où un roi trouve-t-il le repos?

BIRAGUE.

Madame, S. M. aime sa mère; il en connaît les hautes vertus, pourquoi ne la chargerait-elle pas de la régence en son absence. Elle a montré dans des époques difficiles que la science du gouvernement lui était familière.

GUISE.

La reine, sans doute, contenterait la nation par sa prudence, son habileté, mais les partis sont animés, les cabales se forment, les protestans recourent aux armes; que deviendraient l'état, la religion, si pendant que la régente gouvernerait les provinces du nord, le roi, tout à coup enlevé ou influencé par les sectaires, troublait la paix selon leur fantaisie. Deux pouvoirs dans les circonstances présentes, sont bien dangereux. Nous sommes tous les sujets fidèles du roi, sa vie nous est chère : si donc il nous est prouvé qu'elle est pour lui incompatible avec l'exercice de l'autorité souveraine, pourquoi ne supplierions-nous pas S. M. de descendre volontairement du trône, ce trône n'étant plus pour lui qu'un lit de mort. Il ne peut l'aimer, et nous qui chérissons tant le roi, devons voir avec horreur le trône qui nous l'enlève. S. M., libre de toute inquiétude, environnée de notre amour, de notre soin filial, prolongerait sans fin prévue une paisible existence, d'autant plus heureuse que le sceptre serait tenu par un frère reconnaissant.

Guise acheva. La surprise se peignit sur les autres visages au développement d'une proposition aussi hardie. Trois des conseillers présens, gagnés à la cause du roi de Pologne, accueillirent avec satisfaction ce qu'eux-mêmes caressaient secrètement au fond du cœur; mais le quatrième, le maréchal de Retz, dont la politique reposait sur une autre base, reprenant la parole sans consulter le regard approbateur de la reine :

« — Madame, dit-il, messieurs, on ne descend d'un trône que pour entrer au cercueil, ou lorsqu'une révolution en précipite. Le roi commence sa vie; il est malade, soit... mais doit-il en mourir? qui a porté son arrêt fatal ?... Ainsi, à vingt-cinq ans, S. M., devenue le sujet de son frère, prolongerait pendant un demi-siècle une vie de dépendance et d'humiliations; ainsi, dans ce laps de temps, on a la certitude que le désir de reprendre le trésor cédé ne le ressaisirait pas. Qui s'engage à éloigner à perpétuité de sa retraite les intrigues, les cabales, les ambitieux, les conspirateurs ? Son frère, couronné de sa main, que fera-t-il envers lui ? l'imitera-t-il ou bien s'assurera-t-il de sa personne? les fils d'OEdipe recommenceraient-ils en France ? Madame, quand un roi est proclamé, il faut de toute nécessité que le cri joyeux : *vive le roi!* qui l'intronise, soit précédé de celui de douleur : *le roi est mort!* Oui, avant le *te Deum* le *de profundis* est indispensable. Sans cela, malheur au royaume, à la nation, au roi qui abdique et au prince qui monte!

La franchise austère de ce discours frappa

les auditeurs. Retz avait raison; mais il contrariait leur pensée. Aussi la reine prenant un ton d'aigreur qu'elle employait rarement :

« — Messieurs, mon cousin doute du bon cœur du roi de Pologne; il en fait un héritier pauvre qui, jour et nuit, désire une riche succession, et qui, souvent, pour la recueillir plus vite, ne recule pas devant un forfait. Ici c'est un frère tendre, le héros de l'époque (1), le roi d'un état populeux, riche, puissant. qu'il regrettera sans doute, même en venant occuper celui de France; c'est un fils pieux, un frère tendre dont la reconnaissance sera sans borne; enfin, et Dieu veuille l'entendre, Dieu veuille surtout exaucer ses vœux, les miens, les vôtres, pour la conservation de

(1) Henri III, simple duc d'Anjou, s'était fait une haute réputation militaire. On lui attribuait le gain des batailles de Jarnac et de Montcontour, de Dormans, etc. Celle-ci ne fut livrée qu'après son avènement à la couronne de France.

mon fils aîné (*tous s'inclinèrent*), enfin, dis-je, il se complaît dans la croyance que la maladie du roi est passagère, que cinquante années d'existence lui sont encore assurées..... Je le voudrais aux dépens de la mienne..... Pourtant, il n'en est rien : les médecins les plus célèbres condamnent le roi à nous quitter bientôt. Des jours troublés d'angoisses, des nuits sans sommeil le tourmenteront avec d'autant plus de véhémence, qu'il tendra les facultés de son esprit vers les travaux de l'administration; tout ce qu'il accordera au roi, redoublera les souffrances physiques de l'homme. Le calme seul peut adoucir cette fin prochaine, en diminuer les approches douloureux. Ainsi, soit la transmission de la régence à moi, qui ne l'accepterais qu'à la condition expresse que vous tous m'aideriez à en soutenir le poids; ou l'abdication en faveur d'un monarque qui s'est montré digne de ses péres, et qui d'ailleurs ne gouvernerait qu'avec le concours des amis de sa mère, pourrait rendre moins amers ces jours, ces semaines, ces mois, peut-être, que la Providence sévère accordera encore au malheureux Charles IX.

L'adresse profonde de cette réponse qui s'adressait à l'ambition particulière des conseillers, manqua son effet sur le seul qu'elle devait vaincre. Le maréchal de Retz salua la reine et se maintint dans son opinion.

La reine, trop mécontente pour se maintenir dans sa réserve accoutumée, se tournant vers son parent Italien :

« — Puisque, dit-elle, les sages avis que l'on propose ne peuvent rien sur vous, quel serait le plan que vous mettriez à leur place.

RETZ.

J'appellerais les gens de l'art, j'aiderais le roi à soutenir le poids qui l'affaisse, je chercherais surtout à le délivrer de la tyrannie de

ce démon de la nuit, de ce fantôme hideux
et cruel qui nous domine. Dès l'heure de minuit à celle où le chant du coq le contraint à
s'enfuir, des fêtes, des plaisirs tempérés,
des représentations scéniques, de beaux vers
récités, des dialogues en musique ornés de
danses, de somptueux costumes, des décorations brillantes, la conversation des savans,
des hommes de lettres, des artistes de son
royaume; je le conduirais dans les ateliers de
ceux-ci, je lui ferais examiner les chefs-d'œuvre qui embellissent les palais royaux; je réunirais autour de lui le charmant escadron de
la reine. Ainsi la musique, la poésie, les arts,
la galanterie, quelques amusemens variés, la
paix surtout rétablie dans le royaume, la concorde remplaçant la guerre civile, voilà, madame, les médicamens qui deviendraient le
miraculeux dictame, remède souverain à tous
les maux.

« — Vous faites des bergeries, maréchal, repartit la reine. Vous voulez que l'on désarme, qu'on amnistie les rebelles, qu'on danse au bord d'un volcan prêt à s'ouvrir ; vous ignorez que les protestans courent aux armes, qu'ils se préparent à surprendre nos places fortes. Le roi de Navarre les conduit. Il s'échappe du fort de Vincennes ; il vient nuitamment dans Paris se livrer à ses débauches immorales et tenir des conciliabules politiques. On l'a vu dans une maison du Pont-au-Change, où il entretient une fille perdue, donner, tandis qu'on le croit renfermé, des repas à cinquante conspirateurs, les échauffer de ses conseils, leur promettre le concours de son épée ; et s'il s'évade, s'il se met à la tête d'une armée fanatique, le roi luttera-t-il avantageusement avec lui? Le roi ignore l'art de la guerre, n'a fait aucune campagne comme chef. Accablé par son mal, poursuivi par ses visions, prendrat-il d'une main ferme les rênes ? Non, sans doute... Les temps sont périlleux, j'aime le roi avant tout, mais aussi j'aime la France et le reste de ma famille.

« — Madame, dit le garde-des-sceaux, en s'étonnant que le maréchal de Retz ne voulût pas répondre, j'ai dit déjà à V. M. que le roi de Navarre, en sa qualité de premier prince du sang et de pair de France, est justiciable du parlement siégeant en cour des pairs. Qu'il soit amené devant cette haute magistrature, les griefs condamnables ne manqueront pas.

« — Monsieur, reprit le duc de Guise avec une expression méprisante, d'ordinaire les saumons ne sont pas grugés par les petits rougets, et votre cour des pairs serait impuissante contre le roi de Navarre ; mais la reine a des soldats dévoués, et elle peut sauver l'état des cabales d'un protestant qui va à la messe parce qu'il ne peut se carrer au prêche.

« — Un assassinat, monsieur de Guise ! s'écria Henri de Montmorenci.

« — Non, monsieur le maréchal, mais un arrêt prévôtal de justice bottée. Ceux que les rois ne peuvent atteindre par le glaive émoussé de la justice ordinaire, ceux-là sont soumis au couteau de la Thémis mystérieuse.

Le cruel politique ne se doutait point que par ces paroles iniques il blanchissait d'avance Poltrot qui le tuerait, et justifiait le meurtre de ses enfans dans le château de Blois. Il est rare que la justice divine ne fasse pas tôt ou tard retomber sur le coupable le même arrêt de mort qu'il a, lui, porté contre des innocens.

« — Madame, dit alors Tavannes, vous savez qu'en la bonne et sainte nuit du 24 août 1572, je me mis à vos genoux pour obtenir la prompte exécution de ce prince félon ; on me la refusa, et aujourd'hui ce même roi de Navarre s'ingénie pour succéder à votre fils.

« — C'est mon gendre, dit la reine.

« — Oui et non. Toutefois le mari de la princesse Marguerite, répliqua Guise, car il est sans enfans de son hymen réprouvé de Dieu. Monseigneur le duc de Lorraine, mon oncle et souverain seigneur aussi est plus heureux, car votre auguste fille rend fécond ce noble mariage. Mes neveux ne sont-ils pas jusqu'à ce jour vos uniques petits-enfans?

« — C'est vrai, reprit Catherine devenue plus pensive, on dirait que la maison de France va tomber en quenouille... Messieurs, votre fidélité m'est prouvée : chacun a parlé à mon avantage, selon sa pensée, je le crois. Vous demander le secret est inutile; les murs de ce cabinet ont une telle épaisseur qu'ils absorbent tout ce qu'on y dit..... Nous nous reverrons... Je vais me retirer devers le roi, je prendrai ses ordres; ma tendresse lui parlera et puis nous verrons... Adieu... Restez, monsieur le garde-des-sceaux, j'ai à vous parler relativement à des lettres de grâce qu'on me demande.

Les ducs de Guise, de Montmorenci, les maréchaux de Tavannes et de Retz sortirent ensemble. Lorsque le bruit de leurs fut éteint dans l'écho des voûtes, la reine regardant Birague immobile et les yeux attachés sur les siens :

« — Chancelier, que comprenez-vous à cette opposition de Gondi, mon cousin, à une abdication qui me serait si profitable. Craint-il qu'Henri III lui donne moins que Charles IX.

« — Non, madame, mais il a peur des ducs de Lorraine et de Guise.

« — Et le roi de Pologne, sa couche sera-t-elle aussi stérile ? et le duc d'Anjou n'aura-t-il pas d'héritiers ?

« — M. le maréchal de Retz croit que sa

fortune tient à l'existence de la race royale.
Après elle il voudrait celle du Béarnais.

« — Bon ! dit-elle en riant, où la voit-il ? ce n'est qu'avec son seul mari que Margot est inféconde. Ah ! la *brave fille*, comme elle se dévoue pour ses frères. Mon enfant, lui dis-je avant de la faire entrer dans le lit nuptial, de ta stérilité dépend la tranquillité du royaume et la grandeur de tes frères. Elle m'entendit, je fus comprise, et la couronne du roi de Navarre sera ensevelie dans son propre tombeau. Je le déteste ; il est né heureux : les astres ne lui prédisent que des prospérités... A propos, et moi qui oublie Bertrand d'Abatia ; je l'ai mandé..... sera-t-il venu ?..... Excusez-moi, monsieur de Birague, j'ai à parler sans délai à cet habile homme. A tantôt. D'ici-là, ou demain au plus tard, j'aurai vu le roi, et une dernière explication avec lui réglera ma conduite ultérieure.

Le garde-des-sceaux se retirait, lorsque Catherine le rappelant :

« — Monsieur, dit-elle, est-ce que nous ne reverrons pas bientôt le soldat Robert Touchet?

« — Au temps écoulé depuis son départ, son retour doit être proche.

« — Dès que ce mauvais sujet se sera présenté à vous, amenez-le moi. Il aura vu mon fils, lui aura parlé; je serai heureuse de le questionner et d'entendre sa réponse sur ce cher enfant.

Catherine, ces dernières paroles prononcées, regarda en soupirant un portrait en miniature du roi de Pologne, chef-d'œuvre immortel du célèbre artiste Dumoutier (1),

(1) Daniel Dumoutier, peintre de portrait, naquit à Paris vers 1550. C'est l'un des grands maîtres en ce genre, il est peu connu, et mérite une haute célébrité. Son pinceau, ou plutôt son crayon, rend la nature avec sa ressemblance morale. Il peint à la fois la figure et l'âme.

qu'elle portait à son col dans un médaillon enrichi sur cette face de perles précieuses, et sur l'autre de celui de Charles IX environné de très gros diamans, et après avoir examiné cette image si chère, elle y porta les lèvres et le baisa à diverses reprises avec cette tendresse maternelle que l'on ne joue pas.

Tous les hommes et les femmes célèbres, depuis François I jusqu'à Louis XIII, ont posé devant Dumoutier qui, à sa manière, leur a donné l'immortalité. Il mourut à Paris en 1631. La bibliothèque de Sainte-Geneviève possède deux volumes de ces admirables portraits. Ce sont des trésors inestimables, qu'aucune somme ne payerait convenablement.

IX.

Les deux beaux-frères, Rois.

> Toute famille divisée, périra..... — Que les rois seraient heureux s'ils pouvaient à volonté devenir tour à tour monarques et sujets.

Minuit sonnait aux diverses paroisses de Paris ; un silence profond régnait dans tout le château du Louvre. Les ponts-levis venaient d'être levés. Le dernier seigneur sorti de ce vaste et sombre palais était le sire de Lespare.

Celui-là, nommé pendant cette même journée, sans sollicitation, sans intrigue, sans aucun droit, puisqu'il n'avait que son mérite; enfin par le propre mouvement du roi, à la place importante de premier lieutenant des archers de la garde, avait commencé son service aussitôt.

Ce choix, que mille seigneurs appelaient par leurs démarches, avait été se reposer sur un huguenot en vraie disgrâce, pauvre, abandonné de la majeure partie de ses amis. Le baron de Lespare, la veille sans fortune, se voyait dorénavant dans une position heureuse et brillante. Un traitement énorme lui permettrait, en unissant le luxe à l'économie, de racheter les terres engagées de sa famille, surtout s'il pouvait faire un bon mariage.

Il était, vers les trois heures, dans la salle commune à tous les courtisans, le roi la traversait pour aller jouer à la paume, lorsque le maréchal de Montmorenci s'avançant vers lui :

« — Le roi me pardonnera, dit-il, si je suspends sa marche, mais je dois lui apprendre un évènement malheureux : Le brave Polastre, premier lieutenant des archers royaux, vient de tomber, frappé d'une apoplexie foudroyante, sur le pont du Louvre.

« — Des secours lui ont-ils été donnés? demanda S. M.

« — Oui, sire, mais infructueusement. Polastre paraissait devant Dieu avant même que ses soldats, qui l'entouraient, n'eussent relevé son corps.

« — Je le plains, maréchal; c'était un bon militaire, un huguenot digne d'être catholique. Le remplacer sera difficile.

« — J'aurai l'honneur de présenter au roi, repartit Montmorenci, un gentilhomme recommandable...

« — Mon cher duc, répliqua Charles IX,

vous venez trop tard à l'affût, le lièvre est levé; et tenez, le voilà dans ce groupe. Or ça, ici, baron Hugues de Lespare. Auriez-vous pour nous la fidélité de ce pauvre Polastre (1)?

« — Sire, il y a long-temps que je la possède.

« — Dès lors et de droit sa place vous revient; je vous la donne. Il était aussi chevalier de l'ordre, je vous revêts du collier.

Le sire de Lespare tombant aux genoux du roi, les accola avec une joie respectueuse, et tout aussitôt, pour faire acte de zèle, il commença à fonctionner. Les gens de bien applaudirent à ce choix, et Montmorenci avec une adresse plus italienne que française, se tournant vers le nouvel officier, un peu son parent :

(1) La maison de Polastre est languedocienne. Elle était domiciliée à Avignonet, arrond. de Villefranche du Lauraguais. Son origine d'ancienne chevalerie remonte dans la nuit des temps. Son écusson porte de gueules au lion d'or.

« — Mon cousin, lui dit-il, le roi a prévenu votre nom, qui allait sortir de ma bouche.

Lespare accepta cette gasconnade comme si elle eût été vraie; et fit au duc des remercîmens comme s'il lui eut dû son poste majeur. Ainsi fait-on à la cour, où tout est de surprise, où l'on se targue du bien qu'on n'a pas fait, et où d'un faux bienfaiteur on veut se faire un appui réel dans l'avenir.

Le palais à minuit était calme, hors l'appartement du roi où tout, en confusion, en épouvante, attendait avec anxiété le dénoûment d'une scène affreuse dont on venait d'être les témoins. Charles IX, souffrant et faible, avait voulu se coucher de bonne heure. Ses pages sommeillaient autour de lui, ses gardes, commandés par Lespare, étaient à leur poste, et celui-ci, tout habillé, dormait sur un canapé, contre la porte qui le séparait du monarque.

Seul, Charles IX veillait ; des tortures morales augmentaient ses étreintes physiques, des visions étranges passaient devant ses yeux, des nuages de couleur rouge, une sorte de mer sanglante, ou s'étendaient sur sa tête ou baignaient le bas de son corps. Là, volaient ou flottaient des fantômes, des cadavres, tous ayant des visages connus du roi; un spectre surtout, plus sinistre, plus hâve, dominait cette apparition. A sa vue, le roi poussant un cri horrible, s'élança du lit, et à genoux, les bras tendus :

«—Laisse-moi, Coligny, dit-il... dois-tu toujours me suivre?.. Pour fuir ton image odieuse, aurai-je donc besoin de cesser d'exister!... Ah! si je descendais aux voûtes infernales que tu habites, tu viendrais donc y poursuivre ton meurtrier... Oh! Dieu! que la vie est amère au cœur rempli de remords... Malheureux roi!.. O ma mère! toi qui m'as conduit insensiblement au plus noir des forfaits, devais-tu abuser de ma jeunesse inhabile?.. Sont-ce là les résultats de ta fausse amitié?.. O sceptre lourd! que tu pèses à ma main débile!.. Où suis-je?.. quel silence autour de moi!.. quelle solitude!.. Je suis seul... oui, seul, sans parent qui me plaigne, sans ami qui me console!.. Des amis... je veux en avoir, et je suis roi!.. Des flatteurs, à la bonne heure... ceux-là ne me manqueront pas pour m'entraîner au vice, pour me cacher le crime où ils me pousseront... Non, non, désormais, nul ne m'aimera; je passerai les jours tristes et longs de ma souffrance à ne connaître que la haine, à me méfier de l'univers entier... J'ai pourtant besoin d'un conseil... Mes frères, ils veulent ma couronne!.. J'en ai un autre, et je le tiens prisonnier... Pourquoi?.. Les Guise l'abhorrent, les Guise sont nos ennemis naturels... Je veux être le roi, je le veux!

Il s'arrête, et déjà cette volonté qu'il exprime, le rend moins abattu ; les fantômes lui sourient avec moins d'amertume ; Coligny lui jette même un regard consolant. Ceci le ranime ; il appelle avec véhémence. Un valet, un page, accourent.

« — Quel officier est là, dit-il ?

« — Le baron de Lespare.

« — Tant mieux ! le ciel me l'envoie... qu'il entre !

Le valet, le page, sortent, et deux minutes après, Lespare les a remplacés. Sa haute taille, sa noble figure, la fierté de son regard, la force musculaire de ses mains, attachent d'abord l'attention du roi.

« — Baron, dit-il, tu connais le roi de Navarre ?

« — Sire, c'est mon deuxième maître.

« — On le dit mon ennemi...

« — On trompe votre majesté.

« — On prétend qu'il en veut à ma vie...

« — Ceux qui parlent ainsi sont ceux qui en veulent à votre couronne.

« — C'est possible... et tu crois qu'il ne me hait pas ?

« — Il aime, respecte le roi, il se plaint de ne pouvoir le servir. C'est votre meilleur parent, c'est le meilleur gentilhomme de France.

« — Tu m'ouvres les yeux... les traîtres m'environnent; ils sont dans mon conseil depuis que l'Hôpital est à Vignay. Dans une cour où les Guise règnent... le roi de Navarre doit être mon ami... Ecoute, Lespare, je te charge de réparer une grande injustice.

Le roi fut à sa table, écrivit quelques mots, les scella de son sceau particulier, et retournant au baron.

« — Prends ceci, va à mes écuries, il y a des chevaux toujours tout prêts à être montés, le page qui t'accompagnera et qui y est connu, te fera donner le meilleur ; enfourche-le , et d'un temps de galop, arrive à Vincennes, demande le gouverneur, remets-lui mon ordre ; il délivrera sur-le-champ mon beau-frère ; celui-ci montera le troisième cheval que le page se sera fait donner, et avant le jour, vous serez tous ici.

Le cœur battait au sire de Lespare en entendant ces bienheureuses paroles. La liberté rendue au roi de Navarre, au moment où l'on craignait pour sa vie, transportait l'un de ses plus dévoués serviteurs. Il aurait embrassé le roi, s'il l'eût osé, pour lui témoigner sa joie. Il se contenta de se prosterner devant lui, de baiser ses mains à diverses reprises, puis il partit impatient de remplir sa mission.

Le roi, lorsqu'il se retrouva seul, se mit à réfléchir à tout ce qui aurait lieu le lendemain lorsque la cour apprendrait que le roi de Navarre était libre. La colère de la reine-mère qui n'aurait pas été consultée, le dépit des Guise, le mécontentement du garde-des-sceaux, tout se retraçait à sa mémoire; il était flatté d'avoir agi d'après sa propre impulsion; il en résulta que le reste de la nuit fut plus calme pour lui.

La pendule de la chambre royale marquait onze heures et demie, lorsque les portes du Louvre s'étaient refermées sur le sire de Lespare, et le page; à deux heures précises du matin, et à cause des difficultés qu'avait fait le gouverneur de Vincennes de livrer son prisonnier, celui-ci entra dans l'appartement du roi, et bientôt après dans la chambre de Charles IX. Jusque-là, Henri, gêné par la présence du page, n'avait dit à son libérateur que des mots insignifians. Il ignorait la cause qui le sortait de son cachot, cependant il ne pouvait croire que son fidèle Hugues eût voulu se charger de le conduire à Paris, s'il y avait eu du danger pour sa personne.

Il parut devant le roi et fut surpris de la maigreur de ses membres, de la pâleur de son visage et de son front; les tempes étaient dégarnies de cheveux ainsi que le haut de la tête. Il avait la parole traînante, la respiration faible; les mains tremblaient, et lorsqu'il voulut se lever pour recevoir son beau-frère, Charles IX, il se sentit si défait, si débile, qu'il ne lui fut possible de se tenir debout, qu'en s'appuyant sur son fauteuil.

Le roi de Navarre, par un contraste frappant, était leste, droit, vigoureux; la vie étincelait dans ses grands yeux, recouverts de sourcils épais, armés de cils longs et brillans. La blancheur de sa peau relevait les couleurs de ses joues; sa bouche était fraîche, ses dents belles; la position noble de sa tête annonçait sa haute naissance et la supériorité de son cœur franc, ouvert, sincère, prudent, retenu. Néanmoins habile et sage, ferme et patient, il savait conduire une armée à la victoire et administrer un royaume, de manière à le rendre heureux. Ce roi, que la Providence placerait, pour en rehausser la gloire, dans les positions qui feraient le mieux ressortir ses grandes qualités, ses vertus aimables, ce roi, mieux connu des Français, en deviendrait l'idole; la postérité le présenterait en modèle aux souverains qui viendraient après lui, et celui-là serait fier, dont l'éloquence se résumerait à ces mots : *Il ressemble presque à Henri IV*; car qui pourrait se flatter de lui être égal en tout.

Dans ce moment, il savait les noires intrigues des Guise. Le penchant que la reine-mère avait à le faire périr, et il pouvait craindre que ce voyage à Paris cachait un funeste projet, auquel le roi aurait consenti aussi, et tandis qu'il saluait Charles IX, avec les égards dus au roi de France.

« — Sire, dit-il, vous m'avez mandé, que

me voulez-vous, ma tête est-elle vendue aux intrigues des Guise, à l'or de l'Espagne et le bourreau est-il prêt à la trancher, que je sache mon sort, je ne regretterai en tombant que V. M. et la France.

Cela fut dit avec une énergie tellement héroïque, si calme surtout que le roi en fut enthousiasmé, il se souleva et tendant une main au roi de Navarre, jusque-là demeuré debout devant lui ; il lui fait signe de l'autre de prendre le fauteuil qui lui appartenait et en même temps dit :

« — Mon frère calmez-vous, et par mon Dieu ! ne m'accusez pas d'une vilaine action à laquelle je suis loin de penser.

« — Sire, cependant on veut ma mort, repartit Henri.

« — C'est vrai, plus d'un l'a demandée. Cette cour est altérée de sang, comme si je ne lui en avais pas assez donné.

Et il soupira, puis reprenant :

« — Savez-vous que je suis le seul à vous défendre, on s'y est pris de mille manières pour vous rendre redoutable, pour me porter à vous haïr, on a voulu me faire peur de votre renommée..... Et moi, loin de prêter l'oreille aux conseils de la reine, j'ai vu en vous mon parent, mon frère et de plus je veux devenir votre ami, le voulez-vous, sire.

Et Charles IX une autre fois lui tendit la main, celle-ci, le roi de Navarre, répondit à l'invitation, il la serra d'abord dans la sienne avec force, ménageant la débilité du roi, puis il la baisa ; mais le roi peu satisfait, lui tendit ses bras. Bourbon, transporté de ces actes de franchise se précipita vers son frère et un double baiser scella leur nouvelle et meilleure alliance, puis prenant la parole.

« — Vous me comblez, dites, ah! sire que notre famille serait puissante, si elle était unie? Elle ferait trembler l'Europe si ses membres n'étaient pas en défiance perpétuelle les uns des autres. Quoi pensez-vous, que je vous sois contraire? que je cabale, pour usurper un trône, où peut m'appeler un jour, le droit légitime de ma naissance? non certes, je ne suis pas capable de cette faute. Si je ravissais la couronne, j'aurais à compter avec tous mes complices, j'ouvrirais une voie à tous mes parens ambitieux. L'ordre naturel interverti, chaque puîné tentera de détrôner à son tour le frère aîné. Le peuple qui aura aidé le parjure, se dira son souverain, il cessera d'être *roi par la grâce de Dieu* et deviendra *roi par la grâce avilissante de la canaille.* Loin de moi ce vil sentiment ou pour mieux dire ce faux calcul, je suis roi, je possède dans le royaume d'immenses et de superbes fiefs, je jouis de l'estime publique, de la vôtre, de celle de mes ennemis, cette position est supérieure à celle où le crime m'élèverait, et si je dois monter encore ce sera avec l'aide de Dieu, de mon épée et de mon droit.

« Hélas ! poursuivit Henri, avec véhémence, l'Autriche gagne trop à nos débats, l'Espagne sourit de ma prison et est heureuse, lorsque les princes du sang levant l'étendard de la révolte, uniquement au profit de l'étranger. Croyez-moi, soyons unis, ne songeons plus à la différence de nos religions, que l'un prie Dieu en latin et l'autre en français, Dieu est toujours honoré et il apprécie, non la forme mais la sincérité du culte. Que les discordes civiles disparaissent, que les villes, que les campagnes s'ouvrent à la paix que nous leurs rendrons. Faire le bonheur de son peuple, est-il un sort plus doux, c'est le devoir des rois, ce doit-être le nôtre. Chasser ces étrangers, avides, turbulens fallacieux, ces Lorrains avares et qui se disent si ridiculement venus de Charlemagne, ces Italiens fins conseillers de crimes, détenteurs de boucons empoisonnés. Enfin, quand les devoirs sévères sont remplis, cherchons des délassemens aimables, et que l'amour essuie notre front et nous récompense des longues heures employées au bonheur de vos sujets.

Tout le temps qu'il parla, le roi de France parut l'écouter avec une attention profonde. La justification de Bourbon fut complète, le reste ne plut pas moins mieux. Lorsqu'il eût fini, Charles qu'il avait électrisé par les accens chaleureux, baissa la tête mélancoliquement, puis la levant en signe de doute, il dit en soupirant :

« — Hélas! ce qui vous est possible ne l'est point pour moi, je suis maudit du ciel, mon frère.

« — Vous.

« — Oui, moi... moi qui vous parle, une malédiction terrible méritée pèse sur mon front coupable, en vain, je prie, je pleure, je gémis, je crie ; on est là-haut insensible à ma prière, à mes larmes, à mes gémissemens, à mes cris on est inexorable pour moi comme je le suis envers les autres. Le jour j'ai à combattre des ambitions armées et vivantes. La nuit mes sujets morts et révoltés se lèvent contre moi, leur foule hideuse m'assiège dès que la dernière barre d'or disparaît au couchant et ne me quitte que lorsque brille à l'Orient celle qui devance l'aurore. A la ville on me déteste, à la cour on se ligue contre moi. L'altier Montmorenci se rit d'un fantôme couronné. Les Guise portent leurs mains sacrilèges sur cette couronne. Le roi de Pologne la convoite de loin. — L'inquiet duc d'Anjou me méprise, parce que comme lui je ne cours pas l'Europe ; enfin, la mort de mon frère François ne sort jamais de ma pensée... Ma mère, elle-même... Ma mère, vous l'avouerais-je, m'épouvante, et ce n'est pas sans terreur que je reçois chaque soir de sa main la boisson calmante qu'elle me prépare.

« — Malheureux frère ! dit Henri, en lui serrant la main.

« — Maintenant, poursuivit Charles IX, qui soulageait sa peine en la racontant, enviez s'il vous est possible le destin brillant du monarque de la belle France, un ver rongeur est caché sous ma tunique royale. Le sang versé a toujours un vengeur; mais ce qui me tourmente le plus, c'est de me voir environné, d'être la dupe et le jouet des Guises; je suis le but de leur espérance, elle aspire à voir venir le terme de ma vie; ils rêvent le sceptre pour le chef de leur maison, pour eux-mêmes peut-être; mais je sais ce qu'ils tentent, je les connais, ils le savent, et c'est une science qu'ils ne me pardonnent pas; ils font semblant d'aimer le roi de Pologne, afin de se débarrasser de moi. Quand je ne serai plus, ils dresseront d'autres embûches au faible Henri, car leur pensée unique est de saper notre maison jusqu'en ses fondemens. Lassé de tant de tourmens, de vives inquiétudes, de brigues, de trames, de menées, de complots, importuné des prétentions de Rome, des intrigues espagnoles, ne voulant plus fouffrir sur ce trône ébranlé, la mort prompte me semble un bien que mes fidèles, si j'en ai, devraient m'offrir..... Souvent aussi et conduit, je l'avoue, par des conseils de ma mère, je suis prêt à quitter ce diadème trop lourd fardeau pour mon front affaibli, à chercher à l'écart, dans le repos de la campagne, loin du tumulte des affaires, ce bonheur tranquille qui n'est jamais habitant des palais.

Jusque-là, Bourbon avait écouté le roi avec

une déférence respectueuse, il se préparait à le consoler, à lui présenter les moyens de rentrer moins sombre dans le chemin de la vie ; mais aux dernières paroles il se leva, poussa un cri en frappant des mains, puis se rasseyant.

« — Quoi, sire, descendre du trône ?

« — Charles-Quint abdiqua-

« — Oui, mon frère, mais à quelle époque et après quelle vie il remit le sceptre à son fils, lorsque le monde entier suffisait à peine à contenir sa gloire, lorsque son génie dominait l'univers, lorsque son nom était une puissance. Alors Charles-Quint, libre envers ses peuples, et sa famille, quitte envers la renommée, se reposa ; il avait assez fait parler de lui, et son dédain des grandeurs terrestres fut un autre laurier, dont il grossit sa couronne impérissable.

Charles IX écoutait avec avidité le roi, son

beau-frère, chacune des paroles qu'il prononçait était recueillie avec avidité par son entendement, et lorsqu'il eût fini :

« — Ce que vous me dites, je me le suis représenté souvent, mais la couronne blesse mon front; je n'ai aucun désir de gloire, mon nom détesté doit s'éteindre; puis-je avoir quelqu'envie de prolonger la race d'un prince qui fut l'assassin de ses sujets. Toutes les nuits sans qu'une seule ne soit pas semblable aux autres, je suis ramené par mes souvenirs impitoyables, vers la nuit affreuse où la cloche de Saint-Germain-l'Auxerrois sonna la mort de cent mille Français, cette pensée me torture, me brise sans relâche; j'entends toujours à mon oreille les cris des victimes, les hurlemens des assassins, le tintement lugubre du tocsin frappe sur mon cœur avec un battant de feu; je vois tomber successivement tous ceux dont je fus le premier meurtrier, chacune de leur voix m'accuse et me convoque devant le tribunal de Dieu, et du fond de leur sépulture leurs accens vengeurs me répètent que le mépris me poursuivra sans relâche, et qu'exécrable dans l'avenir à la race la plus tardive à naître..... Ah! mon frère, une tombe à Saint-Denis et un oubli complet dans tout le monde, voilà ce que je veux. »

Le roi avait prononcé ces paroles avec tant de véhémence, que sa faiblesse excitée ne lui permit pas de poursuivre, des larmes coulèrent de ses yeux, il ne prit pas la peine de les étancher; alors, Bourbon, ému au plus profond du cœur de ce tableau d'un si grand prince réduit à une situation si misérable, en ressentit une pitié réelle, et d'une voix accentuée par une vive émotion et un sincère intérêt :

« — Sire, dit-il, vous êtes jeune, votre

règne commence à peine, la fortune vous ouvre une barrière vaste, et vous pouvez par d'utiles vertus perdre dans l'avenir l'idée désespérante des erreurs du passé. Cherchez des consolations dans les deux passions qui se disputent le cœur de l'homme la gloire a un éclat qui éblouit; l'amour, ventre saint gris, a une magie charmante et des philtres sans nombre, pour guérir les larmes ou pour les rendre douces lorsqu'on les verse aux pieds d'une jeune beauté.

« — Moi, connaître l'amour..... et quelle femme peut aimer un roi.

« — Laquelle, dites-vous, mon frère; mais il y en a en nombre et de ravissantes; dans mon adolescence, quand je comptais fleurettes aux pastourelles du Béarn, aux gentes bourgeoises de Nérac; ce n'était pas le prince de Viannes que l'on chérissait en moi, c'était Henri..... Henri tout court..... Ah! dam, il n'y avait pas là du respect, on ne peut tout avoir, mais du plaisir, du bonheur d'amour, mon frère ; l'amour, c'est le baume de nos infortunes, le réparateur de nos souffrances, le consolateur de nos chagrins ; aimez, mon frère, et pour soudain, la nature prendra une nouvelle face, les objets changeront d'aspect, le jour sera plus chaud, la nuit plus étincelante ; vous trouverez plus de fraîcheur sous les arbres d'un bocage, et la rose en prendra une plus suave odeur... Il m'en souvient, et certes, mon cœur cessera de battre avant que je l'oublie, d'une certaine Florette, gentille villageoise, bien simple, bien naïve à l'âme ingénieuse et caressante ; elle m'aimait, mon frère, foi de roi.

« — Et vous en étiez connu.

« — Mon nom est trop beau pour qu'à aucune époque de ma vie je me sois refusé à l'écrire sur mon front. Henri de Bourbon, cela sonne dru et haut, le nom a de retentissement dans le monde, il est l'honneur de qui le porte, et qui le déshonore ne flétrit que soi.

« — Et vous en étiez connu, répéta Charles IX.

« — Oui.

« — Vous la rencontriez ?

« — En tout lieu, dans les bois, aux bords d'un clair ruisseau, sur le penchant des collines, souvent dans une cabane isolée où nous étions seuls avec l'amour.

« — Quoi ! vous n'aviez pas en avant de vous des éclaireurs, et en arrière un escadron nombreux.

« — Je n'avais avec moi que mon épée, ma bonne épée, elle m'a toujours suffi.

« — Mon frère, vous cherchez à vous jouer de ma crédulité : ce que vous me contez là n'a pu être. Un roi ne doit-il pas toujours être inaccessible, ne doit-il pas craindre les embûches, les trahisons, les coups de mains...... Vous étiez seul, et qui donc veillait sur vous ?

« — L'amour de mes sujets, répondit Bourbon avec une simplicité tellement sublime qu'elle fit tressaillir Charles d'admiration. Il continua :

« — Croyez-moi, c'est la garde la plus sûre.

« — Chaque mot que vous prononcez agrandit la plaie de mon cœur. Que j'ai mal cherché le bonheur ! je me suis rendu invisible ; nul de mes sujets ne me connaît, tous me craignent... Cependant, mon frère, poursuivit le roi de France en baissant la voix et en regardant autour de lui, comme s'il eût craint d'être entendu, moi aussi, poussé par un désir trop violent pour lui résister, j'ai voulu goûter d'un amour réel, être chéri, non en roi, mais en simple Français, en obscur gentilhomme. Conduit par cette fantaisie et sous prétexte de me distraire, je me promenais incognitô dans Paris. La fortune me conduisit devant la pauvre fille d'un simple soldat, une enfant de dix-huit ans, belle, simple naïve, aimante. Ses charmes m'enflammèrent; je m'abandonnai à cette passion, non sans effroi, craignant toujours le poignard d'un traître. Je me nommai Lothaire de Laon, simple officier subalterne de Charles IX; je me plaignis de mon peu de biens. Hélas! cette ange ne songeait pas à vivre à mes dépens. Je la laissai deux mois dans le lieu où je l'avais connue. Enfin, honteux de sa misère, de sa mauvaise nourriture, je voulus l'établir plus convenablement. Alors je me ressouvins d'un drôle, un barbier gascon, bon compère, homme d'honneur. Au milieu de ses gaillarderies je l'appelai, j'achetai en son nom la maison qu'il occupe; je fis meubler, aux dépens du Louvre, l'appartement du premier étage; je con-

vins qu'un dîner, qu'un souper simples, mais
exquis, seraient l'ordinaire de ma jolie Marie.
Puis, payant d'une somme énorme la discré-
tion du barbier, je donnai son adresse à ma
belle, comme celle d'une maison de logeur
plus agréable que les autres. La simple fille y
fut. Le malin Gascon l'éblouit, l'empauma; il
lui donna pour vingt-cinq sols par mois un
appartement qui vaut bien vingt-huit livres
tournois; et elle croyait payer convenablement
deux sols une nourriture qui est taxée à trois
livres; car on la sert comme si elle était duchesse. Je vais la voir souvent : elle me reçoit
avec une tendresse qui m'enchante et m'eni-
vre; je ne suis heureux qu'auprès d'elle. Mais
à quoi tient mon bonheur? à l'assurance où
elle est de mon vrai nom..... Mon frère, elle
hait le roi, je le sais, elle me l'a dit, et elle le
hait toujours, à raison de cette horrible nuit...
Elle adore le pauvre Lothaire, et si elle me

voyait la couronne en tête, au lieu d'être éblouie, je lui ferais horreur.

« — Je suis enchanté, répondit Bourbon, de ce que vous m'apprenez, mon frère, ce chaste amour, et je le qualifie ainsi, parce qu'il est vrai, vous fera trouver du plaisir à la vie. Oui, croyez-moi, conservez votre simplicité apparente, écartez le moment où le voile tombera.

« — Henri, vous avoir rappelé, avoir noué avec vous des nœuds d'une amitié sans terme et parlé de Marie, sont pour mon mal un baume souverain ; je me sens mieux, bien mieux : mes muscles sont moins faibles, mon sang est plus chaud, et mon cœur bat avec plus d'énergie. Demain au soir, demain, dès que l'ombre sera venue, je vous amènerai chez ma jeune amie.

« — Volontiers, car elle est belle, dit Bourbon en riant.

« — Oui, belle, dit le roi avec un sourire triste, et vertueuse, ce qui est mieux. Elle voit un époux dans son amant. Elle vous verra, vous êtes jeune, beau, aimable, Henri, je vous conjure de voir beaucoup plus mon amitié pour vous que les charmes de Marie Touchet.

« — Ah! sire, mon honneur...

« — Votre honneur, repartit Charles avec une douce gaîté, ne me rassure nullement. Je vous connais, beau sire, et ce cas est le seul où votre âme noblement royale ferait, sans le moindre remords, acte de déloyauté. Pensez-vous que j'ignore votre vie désordonnée?

« — Il est possible que j'aie méfait, répondit le roi de Navarre, mais dans la position où vient de me mettre la bonté de mon frère, de mon souverain, je serais le plus vil des hommes...

« —C'en est assez, dit Charles en l'embrassant, cette fois vous parlez avec l'accent de la sincérité... Mais n'auriez-vous pas besoin de sommeil? arraché de votre lit au milieu de la nuit...

« — Que V. M. parle pour elle, repartit Bourbon. Je trompais l'ennui à Vincennes en dormant quinze et vingt heures par jour. Hier au soir, par exemple, j'avais fermé ma paupière à six heures, à une du matin on m'a éveillé ; hors, sept suffisent. Mais vous, je le répète...

« — Moi..... soyez tranquille, je dormirai quand je serai heureux.

« — J'avouerai que si mes yeux ne sont pas appesantis, mon appétit l'est moins qu'eux, et si les reliefs de la bouche du roi n'avaient pas eu tous une destination, si votre cuve royale renfermait encore un pot de vin de Cahors ou de Jurançon, ce serait une hospitalité que je ne refuserais pas.

Le roi, ranimé par cette gaîté franche, appela; il donna des ordres, et un réveillon tarda peu à être servi à S. M. Navarroise. Pendant qu'elle mangeait, Charles convint de ce qu'il fallait faire envers la reine-mère. Bourbon se montra disposé à se réconcilier avec cette grande princesse, et le jour se leva.

Déjà plusieurs officiers se rendaient à leur poste. Le fou Brusquet, poursuivi par son inquiétude naturelle qui le portait à dormir peu, rôdait autour de la chambre royale. Il jouissait de toutes ses entrées, et en ce moment-là lui vint la fantaisie d'en profiter.

X

Un Fou et un Astrologue.

> La sagesse est plus souvent sous les habits de la folie, que sous la robe traînante d'un charlatan qui se dit philosophe.

Le bruit des grelots et des clochettes, qui tintaient à chaque mouvement de l'insensé, prevint de son approche Charles IX, qui revenu à une hilarité jusqu'alors inconnue de ce monarque dit à Bourbon :

« — Voici que déjà, les souverains instruits de votre arrivée accourent vous en féliciter et le premier qui se présente est sa majesté le roi des Fous. »

Brusquet, s'il avait la cervelle en écharpe, possédait une finesse d'ouïe qui le dédommageait en quelque sorte de la faiblesse de son entendement; il crut mot à mot le propos de Charles, aussi se présenta-t-il la tête haute, la marotte en guise de sceptre, il salua les deux beaux-frères par un simple mouvement de tête et en même temps s'adressant à tous deux :

« — Très hauts, très puissans princes, au titre auguste que vous me reconnaissez, V. M., ne balanceront point à me céder le pas, car vous me reconnaissez pour votre chef de file.

« — Drôle! dit Charles avec dédain.

Brusquet plus humble :

« —Ah! tout doux, mon frère, la colère est péché.

« — Allons, maître sot, sois sage.

« — Si je le devenais je ne serais plus bon à rien faire; vous perdriez au change; il y a tant de sages ennuyeux, qu'un fou divertissant vaut mieux.

« — Brusquet, dit Henri, je te donnerai deux carolus d'or, si tu me montres quel est le premier parmi nous.

« — C'est moi, frère de Navarre, répliqua l'insensé, l'empereur, le pape, les électeurs, les cardinaux te disputent le pas et ils ne me l'ont jamais contesté; d'ailleurs, vois-tu, vive les Fous, car seuls ils sont sages.

HENRI.

« — Il peut avoir raison, voilà mes deux pièces, j'ai perdu.

« — Vous autres, poursuivit Brusquet, ne régnez que pour un temps, une conspiration vous détrône, adieu diadème et sceptre. Tandis que nul n'a songé à me prendre mon cha-

pel sonnant et ma marotte tintinabulante ;
je me ris des orages qui vous frappent ; vous
tombez, je reste debout ; la foudre vous
heurte, elle m'oublie. Que la cour inconstante
soit ou calme ou troublée, Dieu merci je n'en
ai cure, et de ses tracas, de ses chagrins et
bouleversemens, peu m'importe, mon soin
ne naît pas de là. Si un courtisan se rit de
moi, je lui rends la pareille ; je dors à mon
aise pendant l'insomnie de l'ambition.

« — Traître, s'écrie Charles, tu peux dormir !

« — Oui sans doute, je dors, et pleinement
et bien à l'aise, sous une courtine, où les inquiétudes ne s'abattent jamais sous forme de
cauchemar ; rien n'amaigrit mon corps, rien
n'agite mon esprit ; tu règnes, frère Charles !
eh bien ! c'est pour moi que tu te fatigues,
c'est pour que ma table soit abondamment
servie, pour fournir aux besoins d'une vie in-

dépendante et agréable, l'avenir est le néant pour moi, je m'en gausse autant que du passé. Le présent seul m'occupe, mais comme je l'écoule à rire, à boire, à manger, à dormir, peu m'inquiètent les choses futures, aussi ce ne sera pas Brusquet, ton serviteur, qui paiera comme tant de gens hauts huppés de ma connaissance le babil caquetier d'un devin fallace.

« — Un devin, dit Charles, en connaîtrais-tu un dans le Louvre ?

« — Oui, frère roi, le signord Bertrand d'Abatia, le grand archifripon d'Italie est là depuis quelques jours, lui, ce fameux astrologue, qui lit à livre ouvert dans le cours des astres. Par ma foi, ce sont de plaisans fous que ces ambitieux, ils bravent chaque jour Dieu le Père, Dieu le Fils, sans compter le Saint-Esprit, dont ils ne se tourmentent pas plus que d'un pigeon ordinaire ; ils doutent de la puissance de la Très Sainte Trinité, et en même temps ils accordent leur confiance à un misérable escroc, qui leur vend des chiffres, des figures d'algèbre à un prix énorme; ma mère Médicis les consulte sans se lasser, elle leur distribue ses trésors, ils lui rendent du vent, des paroles creuses, des menteries ronflantes. Elle n'est pas seule, cette bonne reine à donner dans le pot au noir; un certain fils, un nommé Charlot, les consulte et les paie. Dans tout le Louvre, le seul qui se moque d'eux c'est Brusquet, et on le dit fou, les autres n'auraient-ils pas plus que lui de droit à porter la marotte.

Pendant que Brusquet débitait ses folies raisonnables, le roi de France était silencieux, il réfléchissait, puis, lorsque l'insensé termina sa diatribe satirique, Charles, le prenant par l'oreille, le fit ainsi marcher deux ou trois pas.

« — Me joues-tu, lui dit-il, est-ce vrai que Bertrand d'Abatia soit ici.

« — Aussi vrai que nous y sommes, que tu le verras, que tu lui paieras ses fariboles au poids de l'or, que tu seras satisfait de ses billevesées et que lui se raillera de ta crédulité.

« — Où loge-t-il ?

« — Dans la partie du Louvre qui est sous la dépendance de l'excellentissime et insolentissime Battisti Angelo, premier camérier de la reine-mère. »

Charles alors se parlant à lui-même.

« — On ne m'en a rien dit, ma mère se cache de moi, elle déteste le fils, mais le roi est encore à craindre; on le ménage et on ne l'aime plus... Ma mère, chaque jour ton peu d'affection se déclare, tu veux en vain le dissimuler, elle éclate, je la connais maintenant, je saurai la contenir. Ah ! si jamais la santé rentre dans ce corps affaibli, si la force physique se rencontre à l'égal de la volonté de l'âme, tu cesseras de me voir, enfant soumis, obéissant à tes caprices et tremblant en face de tes volontés. Que mes ennemis tremblent, ils me retrouveront roi !

Dès que Bourbon avait vu son beau-frère tomber dans ce nouvel accès de mélancolie, il s'était empressé de congédier Brusquet. Demeuré seul avec le roi, il le prit dans ses bras, le consola, l'invita à se modérer, à ne pas tant se méfier de sa mère et en même temps à s'entourer de serviteurs fidèles, qui pussent l'aider à écarter ceux qui lui semblaient suspects.

« — Henri, lui fut-il répondu, vos avis seront dorénavant seuls écoutés ; rentrez aujourd'hui dans votre appartement, faites-vous garder par des hommes à vous, mais délivrez-nous des Guise, des Tavane, des Birague et de ma mère... Ce dernier nom lui échappa péniblement.

La veille au soir, Catherine de Médicis avait fait appeler auprès d'elle le signor Bertrand d'Abatia. Ce fameux astrologue parut devant sa majesté, dans un costume de cérémonie convenable, taillé, formé selon la règle cabalistique; orné d'emblêmes, de dessins mystérieux; tout, jusqu'à son bâton d'ébène garni d'or, avait un emploi dans la sublime science de physiciens, lui s'étant incliné devant la reine :

« — Eh bien ! maître, dit-elle, venez-vous à nous en dispositions bienveillantes? nous ouvrirez-vous les douze palais du soleil, et les sept maisons de planètes.

« — Noble dame, grande reine, répliqua l'astrologue, la vénération et l'amour que garde V. M. pour l'art sacré de l'Égypte antique, le monument qu'elle fait bâtir maintenant dans le jardin de l'hôtel de Soissons (1),

(1) L'hôtel de Soissons, à Paris, existait sur le terrain où l'on a construit la Halle au blé et les quartiers adjacens. Catherine de Médicis y logea pendant le règne de Henri III, elle y fit construire une tour en forme de co-

démontrent assez l'excellence de ses mérites, les portes du ciel s'ouvriront devant elle, Saturne ne lui sera pas défavorable, et Jupiter, roi des étoiles, comme elle est reine sur la terre la couvrira des plus bénignes influences.

« — Père, dit Catherine, qui tenait à gagner un homme dont elle redoutait le savoir, nous ne vous avons pas fait venir pour un jour, il serait convenable qu'une demeure vaste, et comme de vous fût donnée, mais si vous alliez l'occuper, nous jouirions trop rarement de vos entretiens, faites-nous-en le sacrifice, acceptez un appartement dans le Louvre, garni des meubles de la couronne, une tour en fait partie, soit de son plus haut étage ouvert de quatre fenêtres qui regardent les qua-

lonne, d'ordre dorique; un escalier conduisait sur la plate-forme où la reine observait les astres. La colonne, surmontée d'une sphère armillaire en fer, existe encore; elle est enchâssée dans la construction de la rotonde de la Halle au blé.

tre points cardinaux, et formée d'une plateforme où vous pourrez en tous temps examiner le cours des astres, vous serez servi par nos officiers, la bouche du roi vous fournira votre nourriture, et mille écus d'or au soleil, par mois vous dédommageront, à part vos voyages payés, d'un déplacement dont nous apprécions toute la grâce.

Certes, il fallut à maître Bertrand d'Abatia, une grande habitude de se vaincre, pour qu'il ne montrât pas sur sa figure la joie immodérée que lui inspirait une réception aussi brillante; mais, comment un philosophe qui savait faire de l'or, qui possédait la penacée universelle, aurait-il descendu jusqu'à manifester de l'allégresse pour des sommes aussi chétives, celui-là se contentant de croiser ses bras sur sa poitrine, s'inclina, et par le jeu muet, remercie sa majesté; elle ensuite :

« — Ici, vous serez honoré, considéré de nous.

« — Nenni, noble reine, votre cour renferme un bien méchant compère, un malin drôle, qui hier, devant toute votre cour, m'a insulté arrogamment.

« — Je le ferai mourir sous le bâton, s'il n'est pas gentilhomme, répliqua la reine avec vivacité, et s'il l'est, une dure prison de dix années vous vengera pleinement.

« — Eh! madame, c'est moins que ça, il s'agit du dernier des hommes, d'un insensé; on le nomme Brusquet.

« — Ah! grand homme, dit alors Catherine fâchée de sa précipitation, feriez-vous descendre aussi bas votre colère, Brusquet est un pauvre diable privé de sa raison qui, facétieux, ne ménageant personne, moi, pas plus que les rois mes fils et gendres, que le duc d'Anjou : tous l'aiment, et le sacrifice que je vous ferais volontiers de cet imprudent personnage, vous brouillerait avec les principaux de ma cour :

le roi Charles d'ailleurs, a défendu qu'on le châtiât avant d'avoir pris à ce sujet les ordres de S. M. même. Cependant il vous faut une réparation, je la fixe à deux mille écus d'or, et le coupable va lui-même vous l'apporter, maintenant, venons à un objet plus important, voici un thème de nativité que j'ai fait dresser avec exactitude, quel sera le trépas de celui qu'il concerne.

Le signor d'Abatia prenant une plume, traça des lignes, groupa des chiffres, et après une heure de méditation profonde:

« — Madame, que Dieu sauve le roi, et bien, que celui-ci porte une couronne, puisse l'arrêt que je vais porter, ne pouvoir être vigoureux à votre sang; celui dont voilà le thème mourra de mort violente.

Un éclair de joie maligne brilla dans les yeux de la reine.

« — Ainsi, mon père, dit-elle, si celui-là

était en prison, penseriez-vous qu'il en sortît ?

«—Oui, madame, mais les pieds en avant, ce qui me porte à le croire, c'est que son trépas est certain, et puisqu'il est dans les fers, sans doute que la sentence qui le menace ne sera pas retardée, et le saisira au lieu où on le tient renfermé.

Catherine charmée d'un augure qui s'adressait au roi de Navarre, combla l'astrologue de complimens, lui renouvela les plus brillantes promesses, et l'ayant congédié, le remit aux soins de Battisti, un zélanti qui reçut mission de lui servir de chambellan.

Le lendemain et à l'heure du lever de la reine, le garde-des-sceaux demanda à être introduit, le moment était inoportun, mais sa majsté apprenant l'insistance de Birague, ne douta pas qu'il ne fût le porteur d'une nouvelle importante, elle ordonna qu'il fût introduit.

Au trouble de ses yeux, à la pâleur de son visage, Médicis devina que le garde-dessceaux avait un cas fâcheux à lui apprendre. Elle d'un signe, fit éloigner sa dame d'honneur, et le survenant selon l'étiquette, s'étant agenouillé sur le côté du lit en dedans de l'estrade. «Madame, dit-il, la raison du roi l'abandonne, cette nuit sans en parler à votre majesté, sans prendre l'avis de son conseil, il a envoyé quérir le roi de Navarre, lui a rendu son amitié, lui a permis de se faire garder dans le Louvre par ses propres gardes et paraît déterminé à le prendre, dorénavant, pour guide et pour modèle. »

Plus maîtresse de son visage, que Birague ne l'avait été du sien, Médicis, bien que ceci lui brisât le cœur, conserva sur ses traits un calme inaltérable; mais Satan comme on dit, n'y perdit rien, son cœur se contracta, ses nerfs frémirent et à voix basse ses lèvres s'agitèrent :

« —•O très Sainte-Vierge, ma souveraine, et vous les deux saintes mes patronnes (sainte Catherine d'Asie et sainte Catherine de Sienne), m'abandonnerez-vous, serai-je vouée à rentrer dans la voie...? »

Elle se recueillit encore, puis relevant la tête, avec sa noble expression de grandeur, elle poursuivit :

« — Etes-vous bien sûr, messire Birague, que tout ceci n'est pas un conte à dormir debout ?

« — J'ai vu le roi, votre gendre ; il m'a parlé...

« — Quoi, depuis hier... hier au soir, est-ce donc la nuit qui a causé ce changement ? qui a vu le roi ? où a-t-il été ?

« — Aucun étranger au Louvre n'a paru, on a entendu Sa Majesté se plaindre, soupirer, pousser des cris confus...

« — Il a des visions, dit la reine, Coligny

lui rend visite pendant la nuit, et de là, à des remords...

« — Des remords... quoi, Madame, le roi jugerait crime, le plus saint évènement de son règne exalté, loué, béni par le souverain pontife ! Non, non, votre auguste fils, à moins de se séparer de la religion catholique, ne peut éprouver des remords à la souvenance de ce vil sang répandu.

« — Birague, je crains tout, mon gendre est habile ; on force sa conversion, il peut séduire le roi, il en fera un sectaire de Calvin.

« — Tant pis, repartit le garde-des-sceaux, avec une expression fanatique, mais pour régner sur la France, il faut que le monarque aux fleurs de lis soit catholique, apostolique et romain.

« — De pareilles terreurs ne nous adviendraient pas avec le roi de Pologne; celui-là, à qui les devins ont promis trois couronnes, deux sur terre, il en a donc une, la troisième, dans le ciel..... Il mourra, celui-là, roi de France et martyr. »

Birague entrevit un autre genre de couronne, la tonsure monacale, il se retint de de la rapprocher, et se contenta de dire :

« — La fatigue prise en guerre, entamées par la ruine complette des parpaillots, les maladies cruelles qui découlent des nuits froides, des terreaux humides, des brouillards empestés, la goutte, les rhumatismes, tout cela, madame, sont voies complettes de saint martyr; mais le roi de Pologne ne règne encore qu'à Varsovie, le roi de France est jeune, il aura des successeurs...

« — Avant quinze jours, sa lignée, si elle provient, ne sera pas embarrassante, car d'ici là, le roi aura vidé le trône, et un autre l'occupera à notre commune satisfaction.

« — Oh! par saint René, mon glorieux patron, ce serait une merveilleuse affaire, mais comment un tel prodige arrivera-t-il?

« — Le roi est malade, repartit Catherine en baissant la voix, et en portant autour d'elle un regard de vigilance et d'inquiétude, il est malade, et beaucoup plus qu'on ne le croit, il a besoin pour prolonger sa carrière d'une vie douce, calme, reposée, sans soucis, sans tracas du dehors. Né de mes flancs, sa constitution délicate ne peut se faire au climat détestable de Paris, un ciel plus chaud, un air plus pur, des terres parfumées d'odeurs odoriférantes lui sont nécessaires; là, il reviendra lentement à cette existence qui le fuit, mais tout serait perdu s'il rentrait dans des tracas incompatibles avec sa santé, son tempérament et son caractère; mon fils donc, doit partir pour le beau pays de la Provence; là, dans cette contrée riante, en face de la mer, en présence du soleil, sous la balsamique influence de cette chaude atmosphère, libre de la royauté, il sera heureux. Mais, je le répète, pour l'être, il ne doit pas vouloir être roi, une abdication est indispensable, de saints prêtres lui feront un cas de conscience de se laisser mourir volontairement ; voilà ce qu'il faut faire. La tâche que j'ai entreprise, car je suis bonne mère et j'idolâtre mes enfans. »

La reine débita cette manière d'allocution, avec une solennité telle que le garde-des-sceaux détourna la tête, pour cacher son envie de rire ; il y a des momens où, près des grands, on devient coupable de cela seul, qu'on ne donne pas à leurs paroles, la gravité qu'il leur convient d'y attribuer, Birague ayant monté sa physionomie à la circonstance, dit d'un ton pénétré en apparence.

« — Ce sera sans doute pour la France une calamité cruelle que de perdre son bon, son excellent roi ; mais à leur tour ce serait aux sujets, félonie et forfaiture, que de préférer leur avantage personnel, au sauvetage du roi ; oui, perdons ce grand prince, comme monarque, puisque sa conservation est incompatible avec la couronne, et cela afin de le conserver, comme notre modèle et notre exemple perpétuel, ordonnez-moi, Madame, ce que je dois faire, dans cette conspiration pieuse et légitime, et comptez sur mon zèle à servir votre fils bien-aimé Charles, contre le vouloir du roi de France.

« — Bien, bien, mon vieil ami, vous êtes, comme j'aime que soient nos serviteurs ; personne mieux que nous ne sait le but vers lequel nous tendons, et c'est pitié que de voir des gens s'empresser à notre aide, qui, au contraire, contraignent les choses à aller de travers..... cependant, ce retour du roi de Navarre me tourmente, quelle malice a tourné l'esprit de mon fils, quoi, délivrer son beau-frère, lui fournir les moyens de nuire..... mais bast, le Béarnais servira de contre-poids au Lorrain, celui-ci commence à se faire par trop important, il est bon qu'un peu de sang de France, le recule du terme où il croit aboutir.

« — Ah! madame, quelle polémique admirable.

« — Je suis sage, je veux la grandeur de ma famille... Birague, allons, ne nous pourvoyons pas, je verrai mon fils et mon gendre, ils seront bien purs, si je ne lis pas ce qu'ils ont en l'âme... ah! maître Henri de Bourbon! tout gascon que vous êtes, vous n'en apprendrez pas à une Florentine. »

Et la conversation fut finie.

XII.

Deux Rois en bonne fortune.

> Remarquez que lorsque les grands veulent du plaisir, c'est toujours hors de leur palais qu'ils vont à sa quête, ils savent par expérience que le plaisir de la cour, c'est l'ennui en habits de fête.

Henri de Bourbon, vêtu d'un simple pourpoint gris de fer, déchiqueté de blanc, d'un haut-de-chausses de la même couleur et ayant des ornemens pareils, portait, en outre, un petit manteau qui descendait à peine aux hanches, une dague, deux pistolets étaient passés dans sa ceinture espagnole de soie rouge, une toque de velours noir couvrait sa tête, et une cape également à la mode d'Espagne, immense et munie de son capuchon recouvrait le corps si exactement que l'on ne voyait que les bottines en cuir noir et formant des plis.

Charles IX était habillé de la même façon, à la nuance près, celle de ses vêtemens tirait sur la lie de vin et son manteau était bleu. Le roi accueillit son beau-frère avec une amitié impatiente, puis, prenant une lanterne sourde, il passa le premier dans un couloir dont la porte était cachée par un grand tableau du Gnide, représentant le martyre de saint Sébastien ; il s'approcha de la muraille, la toucha en un certain endroit, et aussitôt une dalle énorme de pierre roulant sur un pivot laissa voir l'issue béante d'un escalier à colimaçon comme étaient construits presque tous ceux de l'époque.

Les deux rois franchirent le passage, descendirent l'escalier, et à son extrémité inférieure une porte en fer fut ouverte au moyen d'une clef dont Charles était muni; un long et très long corridor s'étendait ensuite à ligne directe, et Bourbon, lorsqu'il en eut parcouru une partie, s'étonna du bruit qu'il entendait au-dessus de sa tête.

La rapidité de la marche de ces augustes personnages, éclairée par la lanterne sourde dont le roi de France ne s'était pas dessaisie, les amena enfin à une autre porte, qui fut, celle-ci, ouverte au moyen d'un secret, après elle venait un nouvel escalier qui ramena le couple aventurier à la hauteur du sol, et une vis mise en mouvement ayant fait rentrer dans la muraille un large panneau de mélèze, une salle basse fut le dernier lieu couvert qui les reçut.

Le roi se mit à siffler, aussitôt un pas pesant se fit entendre, un homme d'une taille colossale et dont les traits exprimaient la bonhomie et la soumission, parut, venant d'une cour voisine et se posta dans une attitude passive et respectueuse.

« — Hermann, dit le roi, les chevaux sont-ils prêts?

« — Oui, sire, répondit-il, et faisant volte-face il conduisit leurs majestés dans une écurie voisine où trois chevaux harnachés attendaient qu'on les montât; le roi prit le premier, le second fut pour le roi de Navarre, et le Suisse, confident discret et fidèle, enfourcha le troisième. Un nain, qui servait de portier, poussa l'un des battans d'une porte cochère, et à la grande surprise de Henri de Bourbon il reconnut qu'il se trouvait alors hors du Louvre et sortant d'une maison de la rue de la Monnaie.

« — Frère, lui dit alors le roi, douteras-tu de mon amitié? car, certes, je te donne, en te faisant connaître cette issue, une marque de confiance que je n'ai pas eue encore pour mes frères, cependant je serai obligé, par le serment que m'a fait prêter le chancelier de Lhospital, qui, lui-même, dut la connaissance de cette sortie à la reine d'Ecosse, ma belle-sœur, de la transmettre au roi de Pologne, si, par cas, je ne peux laisser ma couronne à mon propre sang; entre toi et moi, Henri, je te le répète, c'est à la vie et à la mort!

Bourbon remercia de nouveau son auguste frère, et tous trois chevauchèrent vers le quai de la Ferraille. Charles oubliant sa grande royauté et ne songeant qu'à sa douce Marie, cependant préoccupé encore des incidens de la journée, il ne put s'empêcher de dire brièvement combien, en sortant de la chambre de sa mère, il avait ri de retrouver dans la salle précédente, la sienne, la foule des courtisans et des dames qu'un simple mot sorti de sa bouche avait fait fuir d'auprès de Médicis.....

Il cessa de parler car Hermann mettait pied à terre et venait tenir l'étrier du roi... Bourbon, sans attendre qu'il lui rendît le même service, sauta légèrement et remit la bride de son cheval au Suisse chargé de la garde de celui du roi, fonction qu'il partageait avec cinq ou six archers de la garde déjà au rendez-vous par avance, et qui, à la vue de la cavalcade, s'approchèrent aussitôt que les deux parens se furent éloignés.

« — Où sommes-nous ? dit Bourbon que les ténèbres empêchaient de reconnaître les lieux.

« — Sur le Pont-au-Change, cher sire, ou pour dire plus exactement à son entrée, répliqua le roi, et nous ne tarderons pas à être chez mon infante. »

En effet, après une soixantaine de pas faits rapidement, ils atteignirent la maison de maître Massot, désignée dans l'obscurité par le cliquetis des petits plats à barbe de fer-blanc qui décoraient l'enseigne du barbier-chirurgien-étuviste-logeur. Charles toqua d'une certaine façon et l'on entendit accourir Massot en personne, il avait la tête nue et il tenait à la main une grosse torche de cire blanche ; il ne parla pas, ne lança aucun regard curieux, ne s'étonna pas de voir un ami escorter *le maître à tous*, et il les conduisit jusques à la porte du premier étage ; là, il les laissa, son rôle étant parachevé.

Charles traversa rapidement la première pièce et la seconde sans faire attention aux sons d'une guitare et aux accens d'une voix fraîche qui chantait dans la quatrième chambre ; mais comme il mettait le pied dans la troisième, son oreille fut délicieusement frappée par des accens qui lui étaient bien connus, mais auquel il ne soupçonnait pas encore autant de goût et d'expression. Lui, nourri de la musique italienne apportée en France par Médicis, admira pourtant la simplicité naïve d'un champ simple et tout harmonie; alors arrêtant le roi de Navarre qui s'avançait toujours, il lui dit tout bas.

« — Frère, écoutons la timide fille, certainement, ne continuerait pas devant nous.

L'HIVER.

ROMANCE.

Le souffle des vents glacés,
Aux bois, ravit leur parure;
Rose, orgueil de la nature,
Voici tes beaux jours passés !
Adieu les fleurs tes compagnes;
L'oiseau fuit de nos campagnes;
Et du sommet des montagnes
La neige à flocon descend.
Quand du soleil, la lumière
Perdant sa force première,
Lance un rayon impuissant.

L'hiver flétrit nos climats ;
Tous les fleuves qu'il enchaîne,
Jusqu'à la saison prochaine,
Dormiront sous les frimats.
De guirlandes diaprées,
De girandoles pourprées,
De ceintures azurées,
Le givre orne les ormeaux ;
Qu'on suspende la culture,
Le repos de la nature
Fournit la sève aux rameaux.

Bientôt mai, ce mois charmant,
Reverdira les prairies,
Contre les rives fleuries,
L'onde bruira doucement ;
Tout doit renaître à la vie
Le ciel, la terre à l'envie,
Offrent à Flore ravie,
Les doux fruits de leur accord ;
Et Cybèle couronnée,
Sourit à la jeune année ;
Que d'autres suivront encor.

Mortels, d'où vient que le sort
Qui différemment nous mène,
Refuse à la race humaine
De retremper son ressort.
Sa première heure sonnée,
Sans peine elle est entraînée
Vers la fatale journée,
Où son cours s'achèvera.
Que l'on soit ou lâche ou ferme,
La tombe qui nous enferme,
Jamais ne se lèvera.

La philosophie de cette pensée et la couleur poétique de la chanson, enchantèrent les deux beaux-frères, Charles d'autant plus heureux qu'il découvrait une nouvelle perfection dans sa maîtresse, allait ouvrir la dernière porte et s'élancer dans ses bras, lorsqu'un autre incident l'arrêta... une seconde voix se fit entendre, elle disait :

« — Allons, Marie, c'est bien; très bien, tu chantes à ravir, mon ange.

« — Êtes-vous content, répondit la jeune fille.

« — Oh! si content, que tu as ému mon pauvre cœur.

« — Oh! que j'en ai de la joie, s'écrie-t-elle, quel mérite pour moi!

« — Par la mort Dieu, dit Charles à son tour, en serrant avec force la main de Bourbon, je crois que la donzelle ne vaut pas mieux que les ceintures dorées de Paris, et moi qui la croyait inquiète de ma maladie, la plaignant de mon absence, elle est là avec un galant.

« — Frère, tu as lu les contes de Bocace et les cent *Nouvelles Nouvelles*, de ton auguste tante (1), ceci bien ménagé fournira texte à la cent-unième.

« — Par la mort Dieu, reprit le roi, en recommençant son juron favori, ma dague ce soir ne sera pas oisive.

« — Sire, sortons d'ici, sang vil et commun

(1) La sœur du roi François Ier, Marguerite de Navarre fut la mère de Jeanne d'Albret et l'aïeule d'Henri IV. Femme aimable, spirituelle, et de mœurs très pures, malgré la licence de ses contes ; elle naquit en 1492, et mourut en 1549, regrettée de ses sujets et de tous les savans et personnes illustres d'Europe ; son frère l'employa à des négociations importantes. A part, l'*Heptameron* ou *Les nouvelles de la reine de Navarre* publiées en 1558, on a d'elle *Le miroir d'une âme pénitente*, recueil de poésies ; on conserve aux manuscrits de la Bibliothèque du roi, trois vol. in-folio de ses lettres.

doit-il être répandu par des mains royales.

« —Oh ! tu parles comme un tout Français; je suis, moi, tu le sais, Italien à demi, et j'ai conservé les inclinations de la patrie maternelle. Tu vas voir un beau coup.

Comme il disait, comme déjà il tirait de son fourreau l'acier étincelant et aigu, la jeune fille qui venait de reconnaître la voix de son amant, poussa la porte qui le séparait d'elle, avec une vivacité toute d'amour, et impétueuse, et passionnée ; s'élança les bras tendus vers le roi en s'écriant :

« — Dieu me l'a rendu, c'est Lothaire; c'est mon ami. Oh! madame sainte Geneviève, je ne me dédis pas du beau cierge et de la neuvaine que je vous ai promis.

Mais Charles furieux se reculant de Marie :

— Arrière, dévergondée ! dit-il, arrière ! ne pense pas m'engeôler, je sais qu'il est là, le beau fils que tu me préfères, mais de par monseigneur Satanas qui gagnera seul à tout ceci, je te jure que lui ou moi ne sortirons que mort de cette infâme maison.

« — Eh ! mon ami, repartit la gente fille, peux-tu à ce point outrager, de mâles paroles, celle qui n'aime et ne vit que pour toi.

« — Qu'il sorte, le polisson, le joli cœur, le truand, le débauché, criait Charles, il joint la couardise à la vilenie.

« — Holà ! tout beau, mal appris, dit alors maître Ronsard qui, à son tour, parut dans la salle, certes vous ne méritez pas une si gente maîtresse puisque vous la suspectez si vilainement ; aussi qu'êtes-vous ? non un gentilhomme, non un officier de chez le roi, ainsi que vous avez osé le dire à Marie ; mais un plat valet de bas lieu qui se pare gauchement des habits de son maître. Je suis ici non pour faire l'amour, j'y viens enseigner à Marie la musique, la poésie, les belles-lettres et même l'espagnol et l'italien. Pauvre enfant, qui cherche, par une éducation soignée, à se mettre de niveau avec son amant; mieux je présume, lui vaudra pour y parvenir, descendre dans la boue où tu patauge.

Pierre Ronsard aurait pu en dire bien davantage sans qu'on songeât à l'interrompre, car à sa vue, un rire fou, un rire prolongé, outre mesure, remplaçant la colère du roi et partagé par Bourbon, ne laissait pas aux beaux-frères la possibilité de lui fermer la bouche, Marie confondue du passage subit de cette colère violente à cette hilarité immodérée, satisfaite d'ailleurs que son éclat prouvât qu'il n'y avait plus de soupçons injustes dans le cœur de son ami, attachait ses beaux bras au cou de Charles dont elle couvrait le front de baisers, sans pour cela que lui pût encore vaincre la gaîté que la présence inattendue de Ronsard lui inspirait.

Mais enfin, trop heureux de n'avoir rien à reprocher à sa mie, et voulant prolonger le plaisir de sa situation, voyant que le grand poète ne le reconnaissait pas, soit que les bougies ne jetassent qu'une lumière incertaine ou que la différence des costumes, et le peu de possibilité que le roi de France hantât une pareille maison, tant il y a que Ronsard avant de nommer Charles IX, aurait prononcé le nom de tous les seigneurs et de tous les bourgeois de France, ce fut donc bien assuré de son incognito, que grossissant sa voix pour détourner mieux encore le soupçon.

« — Mon beau frère, conçois-tu l'audace de ce vilain merle, qui dit s'appeler Pierre Ronsard?.. Lui, Ronsard, lui, ce miraclissime poète, ce grand empereur des lettres, il lui ressemble comme saint Boniface de Mayence à une platée de laitue au gros lard... Filou... qui vole un nom illustre, tu ne sortiras d'ici que pour aller à la mort.

« — A la mort, moi, s'écria Ronsard indigné que l'on niât son identité, je ne suis pas l'auteur de Francus?

« — Vous pouvez être son tondeur de chien, dit à son tour et gravement le roi de Navarre, mais pour ce qui est d'être Ronsard, c'est une fantaisie ou une scélératesse que nous ne pouvons vous passer.

« — Vrai, mon ami, dit Marie à Charles, cet homme serait donc un imposteur?

« — Le croyez-vous, ma gente écolière, ne vous ai-je pas enseigné tant de belles choses? ne vous ai-je pas récité mes odes?...

« — Voyez, dit Charles dédaigneusement, la belle chose qu'un filou ait de la mémoire, et parce qu'il estropiera des vers de Ronsard, faudra-t-il pour cela qu'il soit Ronsard en personne.

Jamais le poète Laurent, ne s'était rencontré à pareille fête, il mugissait de colère, ses membres se crispaient, les yeux lui sortaient de la tête, il serait tombé sur Charles, si un reste de raison ne lui eût montré la partie inégale, car enfin ils étaient là ; deux contre un, il piétinait, se frappait la poitrine disant tantôt piteusement et tantôt avec rage :

« — Quoi ! je ne suis pas Ronsard ?

« — Non, tu ne l'es pas, serait-ce à toi, misérable coureurs de rue, dit Henri, que mon bon maître, le roi Charles IX, aurait adressé des vers célèbres qui l'ont mis hors pair parmi la pléïade fameuse des auteurs de nos jours ?

« — Jé l'ai ici sur moi, cette épître glorieuse, et toute de l'écriture du roi, riposta Ronsard triomphant ; il croyait par cette preuve confondre ses antagonistes, mais eux déterminés à prolonger une scène qui les amusait bien autrement que les plaisirs de la cour s'entre-regardant.

« — Frère, se dirent-ils, ou le pendard a volé notre grand poète, ou le faussaire a contrefait l'écriture du roi, au demeurant qu'il nous le montre, nous qui touchons de si près à sa majesté, saurons découvrir la fraude.

« — Halte-là, mes maîtres; repartit Ronsard, je vois où vous voulez en venir, me subtiliser mon épître dorée, me l'enlever et la détruire peut-être, halte-là, vous ne m'y prendrez point, si je ne suis pas moi, m'est avis que vous autres n'êtes pas vous autres, non plus, c'est-à-dire que vous n'appartenez nullement au service d'honneur de la cour. Je connais grâce à une fréquentation journalière du Louvre, depuis monsieur le grand maître le duc François Henri de Guise, jusqu'à Brusquet le fou, privilégié de leurs majestés, et je déclare qu'aucun de vous deux n'avez jamais servi honorablement le grand roi de France.

« — Je gage que si, répondit Bourbon, et voici le pari, si nous sommes reconnus pour gens de la cour, le frère et moi, et pour gens qui y tenons un rang, tu avoueras ta menterie ; si au contraire nous sommes des imposteurs ; alors, nous te reconnaîtrons pour ce que tu te dis être, bien que tu ne sois pas Ronsard. »

« — Et qui décidera le cas? repartit le poète.

« — Qui ? dit le roi, tu vas voir si nous ne sommes pas certains de notre bon droit, ce sera toi dont le suffrage nous enverra ou te plongera dans la boue. Ma belle Marie, continua-t-il, celui-ci que je mène avec moi pour te voir, pour qu'il juge de mon bonheur, c'est le propre mari de ma sœurette, c'est d'ailleurs le meilleur de mes amis ; et à nous deux, nous confondrons devant toi ce fripon déhonté.

« —Vous allez voir, belle rose mignonnette

du Pont-au-Change, du quai des Morfondus et de la vallée de Misère, dit à son tour Ronsard en riant, parce qu'il ne doutait pas du succès, comment je vais te sauver d'un choix indigne.

« — Allons, dit le roi de Navarre, en saisissant un flambeau, et en l'approchant de sa figure ; pas tant de bavardage inutile, regarde-nous bien, et décide en homme d'honneur, si tu n'es pas tout au diable entre peau et chair.

Charles imita son beau-frère, et se mit une bougie à la main derrière Ronsard, celui-ci d'un pas délibéré, vint d'abord à Bourbon, le regarda... le regarda encore... il tressaillit, se frotta les yeux, puis se retournant brusquement, et pouvant bien voir tous les traits si caractéristiques du roi de France, son auguste protecteur... Il poussa un cri, revint à Bourbon, puis à Charles... Ensuite il se retira en arrière, et tombant sur un tabouret, mit les deux mains sur son visage, mais aussitôt il se leva si brusquement, qu'il en fit peur à Marie, tandis que les deux royaux mistyfica- teurs avaient forte affaire pour se maintenir dans la gravité de leur rôle.

La jolie brodeuse émerveillée de son em- barras, de son silence, de ses simagrées, le suivait de l'œil avec anxiété ; lui, chancelant comme un homme ivre :

« — Ah ! se dit-il, enfin, où suis-je, qui se gausse de moi, est-ce une vision, car pour être la réalité..... Mais de par les cinq cent mille cornes de bouc de Belzebuth... Je con- nais ces gaillards... Ah ! mon Dieu... Grâce et miséricorde.

« — Eh bien ! filou ! dit le roi, veux-tu ou non convenir de ton méfait ?

« — J'ai la berlue... oh ! oui, je l'ai assuré- ment, s'écria Ronsard qui allait et venait de l'un des rois à l'autre ; non, non, certes, une telle ressemblance n'est pas croyable... elle existe pourtant... une ressemblance ; c'est la réalité, mais la réalité... Quoi, je verrais ici...

Un signe impérieux et amical à la fois de Charles, lui dévoila soudainement la plus grande partie du mystère, il comprit le jeu, et lui à son tour fut emporté malgré le respect vers les éclats d'une gaîté certes bien permise, vu la circonstance, son accès de rire, le changement de sa physionomie et de ses manières, l'air calme des deux parens, jetèrent à son tour la jeune fille dans un étonnement que l'on comprendra sans peine.

« —Eh bien! reprit Bourbon, parleras-tu, méchant conteur de fariboles; qui sommes-nous?

« — Vous êtes, (messires), deux jeunes gens de bonne maison, bien élevés, en voie de faire fortune, et tous les deux, je le proclame, remplissez en effet des emplois très honorables dans la maison du roi. Celui-ci, belle Marie, continua Ronsard en désignant Charles, celui-ci est admis si familièrement par la qualité de son service dans la chambre du roi, qu'il est rare de l'en voir sortir tant que sa majesté y demeure elle-même. Cet autre, et sa main signalait Henry de Bourbon, bien que moins assidu, ne laisse pas que d'être fort avantageusement placé. Quant à moi, je suis ce qu'il leur plaira que je sois, et s'ils tiennent tant à m'enlever le nom sous lequel je suis connu en Europe, j'espère que je l'illustrerai de nouveau »

« — Allons, allons, noble et cher ami, dit le roi, en touchant familièrement l'épaule du poëte, convenez que mon frère et moi, vous avons fait passer un mauvais moment. »

« — M'ôter mon diamant, ma gloire, me faire passer pour un escroc de renommée. »

« — Mais aussi, que disais-tu de nous,

dit le roi, à t'entendre, nous étions des chevaliers d'industrie, des vagabonds. »

« — Ah ! messires, reprit Ronsard, en recommençant son jeu de mots, oubliez du passé, je vous en conjure, et surtout que les rois de France et de Navarre n'en sachent rien. »

« — Soyez tranquille, mon père, dit Charles avec majesté, je n'ai pas l'habitude de nuire à ceux que j'aime en les dénonçant au roi, il ignorera notre rencontre, quant à moi, je ne me le rappellerai que pour vous aider de mes bons offices. »

« — Ainsi ferai-je, si après mon beaufrère il y avait encore à glaner, ajouta Bourbon, puis se retournant vers Marie :

« — Ma belle enfant, croyez-moi, attachez-vous à ce gentilhomme, ne le trompez surtout qu'à la dernière extrémité.

Marie regarda Henry avec des yeux remplis

de surprise, puis prenant la main du roi :

« — Ah ! Lothaire , le tromper... la mort doit venir avant ! Un baiser donné, reçu et modestement rendu, accompagna cette exclamation, puis Charles s'informa de la circonstance qui avait procuré à sa maîtresse un si illustre professeur.

« — Hélas ! répondit la jeune fille ; depuis que tu m'aimes, j'ai rougi de mon ignorance, je ne savais que lire, je voulais apprendre à écrire et recevoir d'un bon maître les notions premières de l'éducation, j'entendais autour de moi parler d'un grand poète, de M. Ronsard, et m'étant informée de son adresse, j'allai lui proposer de m'enseigner ce que je ne savais pas.

« — J'avouerai, mes beaux seigneurs, dit Ronsard à son tour, que mon dépit ne fut pas médiocre, lorsque je vis que l'on me descendait au niveau d'un pédadogue ; mais, la charmante figure de Marie, ses grâces naturelles, sa naïveté, me prouvèrent qu'elle n'avait aucunement le désir de m'offenser ; je pensais au plaisir qu'il y aurait de donner des leçons à une aussi gente écolière, à ouvrir son intelligence, à éclairer son âme ainsi qu'à orner son esprit, dès lors, chaque deux jours je viens lui donner des leçons de belles-lettres, je lui apprends à écrire, puis les langues italienne et espagnole. Ayant découvert sa voix remplie d'harmonie, lui devinant un goût naturel, je lui ai inspiré l'envie de devenir musicienne, et vous avez pu tout-à-l'heure vous convaincre si elle avait profité de mes leçons. »

« — Assurément, s'écria Charles, ceci ne rentre pas dans la promesse que je vous ai faite de taire au roi les incidens de cette soirée, vous ne devez pas vous flatter que je laisse ignorer à sa majesté, avec quelle indulgence parfaite, avec quelle bonté touchante, un grand homme, notre premier poëte, celui qui ne périra jamais, à bien voulu condescendre à la demande insolite d'une jolie ignorante ; le roi vous en doit récompense, et certes, il ne la retardera pas.

Ronsard s'inclina, puis, le roi de Navarre, sous prétexte de mieux voir des tableaux qu'il apercevait dans la salle voisine, y passa, faisant signe au poëte de le suivre et laissant les amans se réjouir de cet instant de solitude que Marie employa à peindre à Charles la douleur amère que lui avait causée la lettre par laquelle, lui, l'avait instruite que la maladie du roi l'empêcherait de venir où le souhaitait si impatiemment la tendresse la plus pure.

Bourbon de son côté, faisant l'office de l'écuyer dans les romans de chevalerie, instruisit Ronsard de ce qu'il devait savoir à l'encontre du roi et de Marie Touchet, ils se réjouirent encore de la scène piquante qui venait d'avoir lieu. Un secret profond fut demandé au poète, qui s'engagea religieusement, soit à ne pas faire connaître à la jeune fille le rang royal de son amant, soit à ne pas divulguer au château du Louvre une intrigue dont le charme consistait uniquement dans le mystère qui le couvrait. Un peu plus tard, Ronsard s'en alla, et les deux beaux-frères rentrèrent au Louvre, par le chemin qui les en avait fait sortir.

XIII.

La Foudre éclate.

> Celui que les rois appellent inopinément tremble toujours... La vengeance royale est telle que le tonnerre, elle atteint avant qu'on la voie venir.

Charles, de retour au Louvre, renvoya son beau-frère, et son repos, cette nuit, fut plus doux que celui des précédentes ; il ressentit quelque joie sur la bonne action qu'il avait faite et comprit que lorsque le souverain emploie bien ses journées, rarement un sommeil réparateur lui manque et le fuit. Il rêva d'abord de Marie, de sa candide beauté, de son innocence; puis revenant à Ronsard, il se mit à rire tout seul de la scène plaisante jouée ensemble.

Mais, avant que de se coucher, un devoir, se disait-il, lui restait à remplir, il appela; un page se présenta, et il lui ordonna d'aller au plus vite quérir M. le garde-des-sceaux. Le jeune homme traversait la grande cour du Louvre pour aller prendre un cheval à la réserve de l'écurie royale, lorsqu'un assez grand bruit de gens qui descendaient l'escalier de l'appartement de la reine-mère, et la clarté de plusieurs flambeaux lui firent porter ses yeux de ce côté, et, avec joie, il reconnut le duc de Guise qui, en la compagnie de Birague, sortait de chez Catherine de Médicis.

Le page, charmé d'abréger ainsi sa course, s'arrêta, se mit un peu à l'écart, et au moment où les deux hauts personnages passaient en devisant de choses indifférentes, car trop de monde pouvaient les entendre pour qu'ils allassent continuer en public ce qu'ils avaient décidé chez la reine-mère ; à ce moment, dis-je, le page élevant sa voix :

« — De par le roi, mon souverain seigneur et le vôtre, je vous transmets l'ordre, messire le garde-des-sceaux de France, de vous rendre sur le champ auprès de lui.

« — A cette heure sa majesté vous demande? dit Guise avec autant d'étonnement que d'inquiétude.

« — Va-t-il me demander les sceaux ?

« — Ne serait-ce pas plutôt pour.... Je vais vous attendre à votre logis, messire.

« — Où je tarderai peu à vous rejoindre, si Dieu et le roi m'en donnent le pouvoir, repartit Birague d'une voix altérée. »

Ce colloque, débité rapidement et tout bas, dura peu ; les deux seigneurs se séparèrent. Le duc de Guise, avec sa suite nombreuse, sortit du Louvre, alla à son hôtel, qui est aujourd'hui celui des archives de la couronne, et sans se donner le loisir de se débarrasser de son riche costume, il monta à cheval avec cinq ou six affidés, tous, comme lui, armés soigneusement et revêtus d'une cape espagnole. Il piqua vivement sa monture et ne s'arrêta qu'à la chancellerie de France, où il passa une heure dans une attente pénible.

Le garde-des-sceaux, précédé de ses huissiers, de ses massiers, suivi de douze hoquetons de la prévôté, sorte d'archers du temps, escorté, en outre, d'un gros de gentilshommes et d'une douzaine de valets, suivit le page en lui disant :

« — As-tu laissé le roi seul ?

« — Oui, messire.

« — Etait-il souffrant?

« — Je le crains.

« — Et que me veut-il? se dit Birague à lui-même; il a mal parlé de moi, il m'envoie chercher.... Sortirai-je du Louvre sur mes pieds? »

Et en même temps il regardait tout autour de soi curieusement la contenance des gardes, des officiers, des commençaux de la maison : tout fournissait un texte à ces méditations craintives, et plus que tout enfin sa conscience le tourmentait. Cependant aucun acte hostile, aucune menace, aucune précaution extraordinaire ne justifièrent ses terreurs ; il parvint sans malencontre dans la chambre du roi, et s'étant approché du fauteuil où reposait Charles IX, après avoir fait les trois saluts d'usage, il s'agenouilla sur un carreau qu'un autre page lui présenta. Le roi, soit par manie, ou soit par distraction, le laissa assez long-temps en cette humble posture sans lui rien dire, sans paraître faire attention à son embarras ; enfin, et comme s'il fût sorti de sa rêverie :

« — Monsieur le garde-des-sceaux, dit-il d'un ton dur et sévère, l'état est mal gouverné, les provinces se plaignent, la justice est incertaine, mes affaires souffrent tant au-dedans qu'au-dehors ; le crime affreux de la Saint-Barthélemy n'a produit, pour fruit, que des haines; les grands intrigans, vous le savez, et ne faites état de rien. »

Ces paroles tombèrent comme du plomb dans le cœur de Birague ; une sueur glacée couvrit son front et ses mains, il trembla et blêmit; puis d'une voix entre-coupée par l'émotion :

« — Le roi voit avec trop de rigueur le travail de ses ministres.

« — Le roi, messire de Birague, est bien

informé; on pille mes caisses pour envoyer des trésors au roi de Pologne.

« — Sire, ceci regarde le surintendant des finances.

« — Et l'office du garde-des-sceaux ne l'oblige-t-il pas à punir les fripons.

« — Sire, la reine-mère m'empêche de faire exécuter les lois.

« — Rendez donc les sceaux, ministre lâche et prévaricateur, qui reculez devant une femme.

« — La mère du roi.

« — Vous m'avez conseillé la mort de mon beau-frère.

« — L'intérêt de l'état veut avant tout....

« — Veut-il aussi que dans Paris le duc de Guise conspire et me brave ? Avec qui tenez-vous des conciliabules pour me jeter en bas du trône ? est-ce avec le roi de Navarre ou avec cet insolent Lorrain ? Quoi ! conseiller perfide, vous me poussez au meurtre de mon parent et vous soutenez un étranger rebelle? Par la mort Dieu! je ne sais qui m'arrête... Votre simarre vous couvre, et je ne déshonorerai pas ma main en versant votre sang. Je vous enjoins, et dès après m'avoir quitté, de vous rendre à l'hôtel de Guise, et là vous signifierez au duc que demain, à midi, il doit avoir dépassé la porte Saint-Antoine; je lui commande de se retirer dans son gouvernement de Provence, sans s'arrêter en route, sans en sortir surtout, jusqu'à ce que je le rappelle par une lettre écrite de ma main. Qu'il exécute le tout à peine de désobéissance et d'inexorable châtiment; allez.

Birague, consterné par tout ce qu'il venait d'entendre, se releva plus mort que vif, renouvela ses salutations respectueuses et ne respira un peu que lorsqu'il fut hors de la vue du terrible monarque; alors, bien que son entendement fût troublé, qu'un voile même couvrit à demi sa vue, il examina ceux qui l'accompagnaient, et retrouvant dans ce gouffre un Italien, venu avec lui de Florence, il lui fit signe de s'approcher, et lorsqu'il l'eut auprès de lui, il appuya le bras sur l'épaule de son domestique, et il lui dit en ouvrant à peine la bouche de peur que les autres entendissent :

« — Fabriggi, cours à l'hôtel, dis à M. de Guise, qui m'y attend, de retourner chez lui, où je vais me rendre ; chez lui, entends-tu ? dis-lui ensuite que *Lucifer est déchaîné.*

L'Italien intelligent, profitant de ce que pour descendre l'escalier royal son maître ne s'appuyait pas sur lui, se retira un peu à l'écart, franchit les marches avec la vitesse d'un chamois, et courut sans s'arrêter jusques au logis de Birague. Le duc de Guise y était, se promenant à grands pas dans la propre chambre du haut magistrat qui lui avait été ouverte.

Fabriggi avec cette obséquiosité trop commune à ceux de sa nation, se prosterne presque devant le fier prince lorrain, et lui dit en essayant de parler le français le plus purement possible, que monseigneur le garde-des-sceaux lui donnait rendez-vous dans son hôtel, à lui, duc de Guise, et que, selon toute apparence, il ne tarderait pas à s'y rendre.

« — Or çà, mon drôle, s'écria le duc avec emportement, à quel jeu jouons-nous, ton maître et moi ? il me donne rendez-vous à son hôtel, j'y arrive, et lorsque je crois que je vais l'y voir, il mande qu'il se dirige vers le mien ; est-ce plaisanterie, par saint Jean Népomucène ? il serait mal venu à me plaisanter ; mais où l'as-tu quitté ?

« — Il sortait de la chambre du roi.

« — Etait-il gai ou triste ?

« — Sa gaîté était celle d'un homme que l'on mène à la mort.

« — Et il s'est rendu chez moi?

« — Monseigneur, il y arrive maintenant.

« — Allons..... c'est à ma personne qu'il doit avoir affaire. Je gage que le roi...»

Il se ressouvint qu'il parlait devant un témoin, et il suspendit son propos, puis remontant à cheval, il se rendit à l'hôtel de Guise encore plus promptement qu'il en était naguère parti. Les gens du garde-des-sceaux qu'il trouva dans le vestibule, lui prouvèrent que leur chef était à l'attendre ; il monta d'un pas prompt dans la salle ou Birague se livrait à de pénibles réflexions.

« — Suis-je exilé, dit Guise, ou bien avez-vous l'ordre de me conduire à la Bastille ? Je vous préviens que pour l'exécution de ce dernier ordre, il vous faut plus de monde qu'il n'y en a avec vous.

« — Le roi ne songe pas à la seule chose convenable envers un homme tel que vous. Il pense en vous éloignant de Paris, qu'il a rempli son devoir et triomphé de votre influence. Demain, m'a-t-il dit, et à midi sonnant, le duc de Guise déjà en route, devra avoir dépassé la porte Saint-Antoine; il se rendra dans son gouvernement de Provence, et je lui défends de séjourner pendant la durée du chemin.

« — Et vous, mon cher ami, avez accepté l'honnête mission de me jeter à la porte comme un valet ?

« — Ah! monsieur de Guise, je vous aurais voulu voir en présence du roi; c'est un démon, je vous assure qu'il y a dans lui l'étoffe d'un grand homme. »

« — Grâce à Dieu, que sa mère a mis et mettra bon ordre au développement. Il a donc beaucoup crié ?

« — Il m'a traité comme un misérable.

« — Oh! vous ne faites pas attention aux propos d'un roi, aux étourderies d'un enfant?

« — Je me vengerai, monseigneur, dussé-je périr ensuite. Oh! je me vois à ses genoux, accablé, écrasé par ses paroles foudroyantes, je suis déshonoré.

« — Voilà qui est à merveille, monsieur de Birague, parlez-moi du coursier qui sent l'aiguillon et qui regimbe sous l'éperon qui l'ensanglante..... vous n'êtes pas seul à punir un affront, nous sommes deux..... M'a-t-il interdit l'entrée du Louvre?

« — Non.

« — C'est bien! demain j'irai prendre congé de lui.

« — Vous auriez ce courage?

« — Oh! je suis d'une maison que le mécontentement d'un jeune roi ne tourmente guère ; il a mon âge à peu près, j'ai sur lui cet avantage que les femmes apprécient, et de plus, quoique peu soucieux d'imiter Hercule auprès d'Omphale, j'ai une quenouille que je filerai mieux que le roi ne le fera de la sienne.

La conversation devint plus intime ; le duc s'informa si le roi avait pareillement menacé Montmorency.

La réponse fut négative, elle fit faire une grimace au Lorrain, qui, reprenant :

« — Tant pis, tant pis, allons, mon bon Birague, faites ici acte d'habileté, enveloppez ce seigneur dans ma disgrâce, le Languedoc confine à la Provence, monsieur le duc de Savoie touche cette province, l'Espagne, avoisine l'autre. Ah ! sire Charles, vous chassez vos compagnons, vos tuteurs, vous voulez le gâteau pour vous seul, eh bien ! j'en aurai ma part. Au reste, poursuivit Guise en changeant de ton, et en reprenant un air passionné, c'est ce parpaillot hypocrite, ce roitelet de Navarre, qui menace, branle; je me suis toujours méfié de lui. Ce jeune homme est vieux de finesse et de malice; son épée tranche et ses paroles tuent. Si on ne se défie de lui, les catholiques s'en repentiront. »

Birague dit : « — Les astrologues lui promettent une double couronne..... celle de Pologne, peut-être, dans le cas que notre prince y renonçât volontairement pour celle qui peut tomber en son partage.

« — Et pourquoi pas celle de moine ? pourquoi pas celle du ciel ? en vérité je ne me refuserai pas à l'invoquer dans le ciel, pourvu qu'il ne se trouvât pas sur mon chemin ici-bas. »

Quelques mots furent encore échangés, mais dits d'une voix si faible, que leur importance s'en accrut. Il était minuit lorsque

Birague rentra dans son hôtel, et le lendemain au palais, il y eut des yeux qui déclarèrent que jamais depuis le commencement de la monarchie, chancelier de France ou garde-des-sceaux n'avait couru aussi nuitamment les rues de Paris.

Le lendemain de cette journée mémorable, Charles se leva rempli de force et de vigueur, les teintes jaunes de son front s'effaçaient, ses joues, ses lèvres étaient moins pâles, et deux ou trois fois il sourit à ceux de son service journalier, ce qu'on ne lui avait pas vu faire de long-temps; il achevait de s'habiller, on lui passait son juste-au-corps, il n'avait pas pris encore des mains de ses écuyers, ni son épée ni sa dague, lorsque un bruit sourd de piétinement de chevaux se fit entendre en dehors du pont du Louvre, et tout-à-coup le cœur du roi battit avec une violence extrême.

« — Oh! oh! dit-il, qu'est-ce? je ne suis pas aussi bien que tantôt ; mes cheveux se hérissent, ma peau s'horripile, que va-t-il donc m'arriver? »

Un tumulte confus de voix s'éleva sous les voûtes du rez-de-chaussée du Louvre.

« — Mon lever sera nombreux, dit encore le roi à Henry de Bourbon qui entrait, car la valetaille des seigneurs remplit la cour..... Mais, mon frère, entendez donc à qui mes gardes rendent les honneurs de prince étranger ; le duc de Guise n'est pas à Paris?

« — Sire, dit le sire de Lespare, voici monsieur le duc de Guise qui vient rendre ses respects, au roi et à vue rapide, plus de sept cents gentilshommes le suivent, sans compter ceux de sa maison.

« — Holà, mort Dieu!.. là, mort Dieu ! holà! s'écria le roi en pâlissant de colère, tandis que ses yeux étincelèrent. »

Le prince lorrain entra suivi du duc de Mayenne son second frère, et du cardinal de Lorraine, son puîné ; plusieurs seigneurs des premières maisons du royaume l'accompagnaient, il salua le roi avec sa bonne grâce accoutumée, le roi qui le regardait de travers.

« — Le garde-des-sceaux de France est donc un étrange félon, monsieur le duc de Guise ? dit enfin Charles, qui pouvait à peine parler.

« — Sire, j'ignore ce qui a pu lui mériter une aussi cruelle apostrophe, je présume qu'il l'a combattra en franc et loyal serviteur.

« — Qu'est-il donc, puisque au lieu d'être sur la route de la Provence, vous êtes dans le Louvre ; qui est roi maintenant ?

« — Vous, sire, mais il n'est pas encore midi, et pourvu qu'à cette heure-là je sois de l'autre côté de la porte Saint-Antoine, et certainement j'y serai, je ne pourrai m'imaginer que l'on m'impute à crime, lorsque je m'éloigne de sa majesté pour un temps indéterminé, que je vienne lui faire mes adieux et l'assurer de mon obéissance. »

Plusieurs de ceux présens qui entendirent ces paroles s'en émerveillèrent, et jugèrent qu'elles avaient dû coûter beaucoup au duc; lui-même à peine les eût-il débitées, qu'il aurait voulu les avoir rachetées au prix de cent mille écus d'or; certes, il n'était pas venu pour faire montre de tant d'humilité, et il déplora toujours ce qu'il appela son seul acte de faiblesse; mais il avoua que le roi avait exprimé tant de fureur et ensemble de majesté, qu'il avait senti les mots hautains expirer dans sa bouche; il en résulta que Charles, quelque peu apaisé par un propos tout de soumission, perdit quelque chose de son aigreur, et que d'une voix moins sévère il répliqua :

« — Mes intérêts exigent votre présence sur les bords de la Méditerranée, M. de Guise, vous pouvez m'y servir et me faire oublier mon mécontentement.

« — Ainsi je pars avec la disgrâce du roi ? par où l'ai-je méritée ?

« — Je vous le dirai au retour.

« — Sire, je vous laisse avec mes ennemis.

« — Donnez-vous ce nom à M. de Montmorenci, au garde-des-sceaux, aux maréchaux de Tavannes et de Retz, à mon frère le duc d'Anjou, à ma mère enfin ?

« — Sire, ces messieurs et les personnes augustes que le roi vient de nommer, ne sont pas seules à composer sa famille.

« — Adieu, M. le duc, vous avez bien commencé, ne finissez pas autrement.

« — Je vais servir le roi, je voudrais pouvoir l'aimer.

« — En vérité.... le roi est bien à plaindre de ne pas posséder votre amour, celui de la France lui reste.

« — Le roi, sans doute, ne désire ni n'espère celui des huguenots?

« — Et qui me l'a ravi, audacieux étranger? qui le premier a trempé son épée dans le sang des victimes? qui me conseilla cet odieux attentat? c'est vous, par la mort Dieu! et aujourd'hui, votre insolence...

« — Ah! sire, le mot est dur, et les fils de Charlemagne ne le souffriraient pas même des rois.

« —Traître, à la mal'heure qui me nargues, ma main te prouvera que je me ris de ton faux parentage.

Et le roi avec une impétuosité valeureuse, mit la main sur son flanc pour y saisir son épée, mais l'écuyer la tenait encore, et le roi de Navarre lui faisant signe de se reculer, se plaça devant lui, et osant étendre ses bras devant son beau-frère :

— « Ah! sire, dit-il, ne lui faites pas tant d'honneur.

Le duc de Guise, pâle à son tour, mais fier, mais immobile, demeurait insensible à l'explosion du courroux royal, lorsque ses deux frères et les autres seigneurs l'environnant, le conjurèrent de ne pas prolonger une scène dont l'issue pouvait être sanglante; et comme il refusait de sortir, ils l'entraînèrent malgré lui en employant de la violence, surtout lorsqu'ils virent le roi chercher à repousser rudement son beau-frère, qui tentait toujours à l'écarter de sa dague ou de son fer.

La reine-mère entra dans le moment. De la salle voisine où elle s'était retirée, elle avait entendu s'élever la querelle, et épouvantée des suites qu'elle aurait, elle accourait en ordonnant aux huissiers de fermer la porte de la chambre du roi.

Charles IX, au comble de l'exaspération, demandait à grands cris ses armes; ceux qui les détenaient, épouvantés de ses menaces n'osaient plus les lui refuser, et ils allaient les lui abandonner, lorsque Médicis venant à lui, et le prenant dans ses bras.

« — Mon fils, dit-elle... Sire... est-ce le roi de France qui punit en monarque ? est-ce un cadet n'ayant que la cape et l'épée qui le venge en spadassin ?

A la voix de sa mère, si long-temps obéie et respectée, à la certitude que l'arrogant Guise n'était plus là, Charles IX passa d'une fureur excessive à un abattement absolu, bientôt même, le sang sortit à flots de ses narines, et de gros caillots furent rejetés de sa poitrine avec effort; il fallut envoyer chercher en hâte le célèbre Ambroise Paré, qui recommanda l'état de calme, l'interruption des devoirs de la royauté, en un mot la suspension totale de tout exercice violent ; il déclara sur son âme et conscience, que si le roi continuait à donner du cor ainsi qu'il en avait l'habitude, cet instrument lui étant agréable il ne répondrait pas de sa vie.

Ces restrictions imposées par la science de l'homme le plus habile de cette époque, plaisaient trop à Catherine, et rentraient trop dans ses désirs pour qu'elle ne s'employât pas à les faire observer. Les ministres reçurent l'ordre de ne plus fatiguer le roi, et de porter chez elle le travail. Charles, trop accablé par cette nouvelle attaque, parut accéder à cette autre régence, car il ne reclama pas contre elle.

Dans la journée, le roi de Navarre fut appelé chez Médicis, qui dès son approche lui tendit la main ; puis l'attirant à elle le baisa maternellement sur les deux joues.

« — Eh bien ! mon fils, dit-elle, n'êtes-vous

pas lassé de m'en vouloir, et de me déclarer la guerre? la paix avec une mère tendre ne vous conviendrait-elle pas mieux?

« — Ventre-saint-gris ! maman Cateau, répondit Bourbon avec une franche gaîté, m'est avis que je n'ai ni commencé l'attaque ni ne l'ai poursuivie ; je me suis vu prisonnier au moment de mes noces, presque assassiné à la Saint-Barthélemy, et sans ma femme, votre Margot à qui je me plais à rendre cette justice, vos amis se seraient accommodés de ma peau. Depuis lors relâché, puis enfermé de nouveau, et cette fois-ci en danger de vie, je ne peux avouer vous avoir fait la guerre depuis mon mariage, ni que le péril entre nous ait été égal. »

La reine-mère se prit à rire.

« — Oh! vous êtes un bon compagnon, je le sais, et vous valez mieux que les parpaillots dont vous vous faites le chef; croyez-moi, abandonnez leur méchante Église, soyez franc catholique, prenez mes avis, et vous vous en trouverez bien; le roi vous aime, conseillez-lui de se confier à sa mère; ses intérêts ne sont-ils pas les miens?

« — Je le lui dis?

« — Vous?

« — Oui, moi, madame.

« — Votre majesté le lui a dit?

« — Hier encore, je vous jure en effet, est-ce qu'une mère doit avoir une autre cause que celle de son fils? la mienne n'a pas eu une pensée qui n'eût pour but mon avantage; aussi que je lui vouais de respect et d'amour !

« — Je savais bien que nous ne nous entendions pas, reprit Catherine, mécontente, il ne s'agit pas si je dois voir comme mon fils; mais si je ne suis pas meilleur guide pour le roi, que tous les conseillers et directeurs dont il pourra s'environner.

« — Ah ! madame, répondit Henri en secouant tristement la tête, pouvez-vous répondre à votre tour de ceux qui vous environnent? n'en sera-t-il aucun de vendu à l'Espagne, à l'Autriche, au pape? Les princes lorrains que vous accueillez avec affection, ne tendent-ils pas visiblement à ravir la couronne aux branches descendantes de Hugues Capet? vos Italiens sont-ils uniquement dévoués au roi? et dès lors, puisque tous ces hommes sont suspects, avec juste raison, à S. M., celle-ci doit-elle accepter de votre bouche des inspirations qu'eux auront visiblement dictées?

« — Oui, je le vois, dit la reine avec un dépit qu'elle ne prit pas la peine de dissimuler, vous ne cesserez de m'être contraire, vous serez toujours pour moi une pierre d'achoquement; vous voilà bien fier d'une faveur de deux heures! que deux autres passent encore, et puis nous verrons.

« — Je suis bien malheureux, madame, de me voir placé nécessairement au nombre de vos ennemis, par la seule raison que je me méfie, pour le roi votre fils, des intrigues des Lorrains, de Birague et des autres. Si vous me surpreniez en traité avec le *Démon du Midi* (1), certes, vous ne me traiteriez pas plus mal. Je veux la grandeur du roi et le bonheur du royaume, car je suis prince du sang et gentilhomme français. Le roi, la patrie, sont pour moi en avant de Londres, de Madrid, de Rome, de Naples, de Florence et de Vienne. Quand je propose une mesure, je m'inquiette de son résultat heureux ou malheureux dans nos provinces, et point de l'avantage ou du mal que les étrangers en éprouveront.

(1) Philippe II, roi d'Espagne, fils et successeur de Charles-Quint, agita tant les états méridionaux de l'Europe et en outre ceux du nord, qu'il reçut la flétrissante épithète de *Démon du Midi*.

« — Allons, il faut, dit Catherine, que je cède toujours, méchant enfant; à vous aussi, et malgré vous, je serai bonne mère : faisons la paix, ne nous montrons qu'amis et réconciliés autour du roi.

« — J'accepte, madame, répliqua le grand Henri, déjà si supérieur à son âge, mais au nom de Dieu, madame et chère mère, ne vous opposez pas plus que moi au projet de votre fils, mon auguste beau-frère!

« — Et de quelle folie s'occupe-t-il? demanda la reine, visiblement inquiette.

« — D'une mesure pleine de raison qui, aujourd'hui, peut être exécutée, qui, dans quatre ou cinq ans d'ici, où la nécessité sera mieux connue, ne pourra s'effectuer qu'au moyen de la guerre civile.

« — Mais enfin qu'est-ce? redit Catherine de plus en plus agitée.

« — Le renvoi complet de la maison de

Guise, homme et femme, hors du royaume, et convocation des Etats-Généraux pour sanctionner une loi royale, devenue par-là constitutive, qui interdira, dans l'avenir, l'établissement en France de toute portion de famille ou de seul individu appartenant à une maison souveraine.

« — Ainsi donc le roi, reprit Médicis qui ne reconnut pas combien cette détermination serait politique, renonce, en renvoyant les Guise, à l'avantage de s'en servir en contrepoids.

« — Eh! contre qui, madame? et pourquoi vouloir tellement élever des sujets qu'il faille en avoir d'autres pour les maintenir en équiblire? La puissance souveraine doit être combinée de manière à ce qu'elle s'identifie avec le peuple, et de telle sorte que celui-ci, convaincu de sa bonté, de sa justice, de son amour, ne voie, ne respecte qu'elle, ne s'attache qu'à elle ; il faut qu'à l'ordre du roi vingt millions de Français, s'ils sont dans le royaume, se ruent d'un accord unanime contre tout ambitieux qui se dresserait contre le roi. La chose ainsi établie on n'a plus à intriguer, comploter, menacer l'un avec le concours des autres; la majesté royale a une telle extension que toutes les autres grandeurs sont naines, et disparaissent devant elle ; travaillons de concert à obtenir ce résultat, et vous n'aurez besoin dans l'intérêt de votre fils auguste, ni d'autre Guise, ni d'autre Saint-André, ni du vieux connétable, s'il revenait au monde, ni du brave et rebelle à contre-cœur, Coligni. »

Henri de Bourbon, qui se voyait écouté par sa belle-mère avec une attention extrême, se flattait de la persuader, et lui ouvrant les yeux, de la conduire vers de plus sages et de meilleures maximes. Mais combien sa douleur fut profonde et prolongée, lorsque Médicis lui dit avec une sincérité positive et rare en elle :

« — Mon cher fils, je ne vous comprends pas ! »

XIV.

Tendre occupation d'une mère.

> Quel est le pays où les parens se prémunissent par précaution, de substances mortelles contre leurs proches? — C'est la Turquie. — Non, ce sont les cours.

La nuit était si pure, l'atmosphère si dégagée de vapeurs, les étoiles non plus noyées dans ce brouillard grisâtre qui ternit et déshonore leur éclat, jetaient tant de feux si brillans, si variés, que le vieil astrologue Bertrand d'Abatia ne pouvait s'empêcher de s'écrier :

« — O ciel de minuit! de l'Italie enfin, je vois ta pâle copie. Oui, c'est ainsi, mais avec mille fois plus d'énergie que tu rayonnes sur le lac de Bolsène, sur la cime enflammée du Vésuve, ou sur les flots de cette mer où disparaissent chaque jour davantage les écueils autrefois si terribles et si redoutés de Charybde et de Scylla. »

Ce philosophe, vêtu d'une ample soutane fourrée, malgré la pureté de l'air ou plutôt à cause de celle-là, environné de cadrans, de sextans, de boussoles, de tubes, de lunettes telles qu'on les faisait alors, d'astrolabes, de quarts de cercle, etc., vérifiait des thèmes de nativité, et travaillait pour le compte de la superstitieuse et libérale reine. Il suivait dans ce moment une étoile qui surpassait en richesse de lumière et de couleurs toutes ses rivales, et celle-là, en vertu des calculs astronomiques, était celle d'Henri de Bourbon, roi de Navarre. Ce n'est pas qu'un point obscur ne désignât en elle une mort violente ; mais d'autres signes non moins connus et sans équivoque, promettaient un mortel assez heureux pour qu'il vît en elle son astre, des jours de gloire, de grandeur, de puissance ; adoré des peuples, il porterait deux couronnes, l'une petite, mais noble et radieuse, l'autre gigantesque dans son éclat et presque aussi étincelante que le soleil dans toute sa pompe du soir.

Bertrand d'Abatia, malgré lui, suivait cette planète inconnue; il regrettait ce qu'elle le forcerait à dire, et le chagrin que Médicis ressentirait de sa révolution, lorsqu'il entendit tinter fort et vite une sonnette d'argent qui ornait une des côtes de la magnifique écritoire dont sa majesté douairière lui avait fait don nouvellement. Il écouta, car alors il était sur la plate-forme supérieure de la tour du Louvre. Arrivé à son appartement... il écouta une seconde fois, souhaitant à la première, d'avoir été la dupe de l'illusion de ses sens; mais à celle-ci l'appel devint tellement bruyant et impératif, et mis en jeu, non, certes, par une personne de condition, commune, qu'il ne balança plus à descendre précipitamment.

Mais, avec combien plus de vitesse aurait-il franchi les degrés qui le séparaient de son cabinet, s'il avait pu se douter que la personne qui le sommait d'accourir à elle avec tant de fureur, était la reine-mère, elle-même; il la trouva en effet assise déjà dans le fauteuil qu'elle s'était réservé pour lui servir de siège dans les conférences prolongées avec l'astronome fameux; elle avait une pelisse bien ample, fort encapuchonnée, garnie, doublée de renard bleu de Sibérie, qui enveloppait la tête, les oreilles, les épaules, le cou, les bras, tout le reste de la personne, de telle sorte qu'on ne pouvait voir que les parties saillantes du visage, le bout des mains et des pieds.

A entendre la reine, cette chaude pièce de sa garde-robe aurait été choisie cette nuit-là à cause de la fraîcheur de l'air; mais l'astrologue qui, de bonne main, connaissait sa majesté, savait que toutes les fois que celle-ci avait à causer de gens dont elle voulait hâter la fin, elle se prémunissait ainsi de pesantes fourrures pour ne pas laisser paraître au-dehors le frisson qui la saisissait malgré elle, ce frisson d'instinct qui avertit le coupable qu'il est en présence de la vengeance divine, de cette vierge inexorable qui, par des causes supérieures à notre entendement humain, écoute le complot du meurtre, le laisse exécuter, et alors seulement, se mettant en route, arrive tôt ou tard, saisit l'assassin, le frappe et le punit.

« — Par Saturne et son fils, puissant Jupiter, s'écria l'astrologue, j'étais loin, malgré ma science, de croire que votre majesté viendrait elle-même à cette heure mystérieuse visiter un pauvre vieillard.

« — On dort peu, mon père, soit que comme vous on se livre aux travaux des hautes sciences, ou que comme moi on se mêle de gouverner un vaste empire. Il y a surtout des époques pénibles à traverser où notre étoile pâlit, où les astres versent à plein déluge les influences malignes, où nous sommes menacés de grands malheurs ; je touche à l'une de celles-là, et je suis accourue pour m'en entretenir avec vous.

« — Ma fille, répondit Abatia, puisque votre

amour de la science m'a permis de vous donner ce titre, vous faites sagement de venir à la lumière lui demander de la clarté. Certes, je ne suis qu'un atôme, mais je converse avec des êtres dont l'emploi est de régir ce monde sublunaire, et de le conduire selon leur caprice. Que leur réclamerai-je en votre nom?

« — Rien maintenant, je sais combien vos veilles ont servi les hommes. Vous n'avez pas seulement élevé vos regards vers les cieux, mais encore vous saviez surprendre les secrets de la nature, et vous aviez la connaissance des propriétés mystérieuses des végétaux, des minéraux, et de ce qui vit, marche, rampe, nage ou vole.

« — Il est vrai, répondit l'astronome, que désireux de m'instruire, j'ai voulu lire dans toutes les pages du grand livre de l'univers ; je forme des mandragores souveraines, des philtres puissans. J'aide l'existence et la prolonge ; il y a pareillement des sucs, des poudres qui en précipitent le cours. »

Et en disant ces derniers mots, il abaissa le diapason de sa voix grave et sonore.

« — Tout cela, répondit la reine en souriant, doit être fort curieux, et pour garnir un cabinet de fruits variés de votre science, je vous demanderai de me fournir des parcelles de vos diverses combinaisons. Mais aujourd'hui j'aurais besoin d'un breuvage calmant..... qui propre à diminuer les violences d'un sang tout en feu, abaissât les forces physiques en même temps que l'intelligence. Rien de mortel, rien de pernicieux, mais ce qui abaisserait une vivacité qui se consume elle-même par sa grande énergie.

« — Ce que la reine souhaite se trouve au nombre de mes arcanes, mais ce n'est pas en quelques heures, et sans des matières précieuses, que ce philtre peut être composé. Il faut du temps et chercher dans les officines des premiers droguistes des parcelles de terres, de bols, et d'élixirs nécessaires à confectionner un vrai miracle.

« — Oh ! mon père, reprit Catherine charmée, l'or ne manque pas au beau pays de France. Voici une bourse qui en est pleine. Son contenu vous aidera dans vos premières acquisitions, et je vous promets une somme trois fois plus forte, si le succès couronne mon désir. »

L'œil du philosophe brilla d'une joie involontaire à la vue de l'énorme somme que Médicis déposa devant lui. Il s'empressa de dire :

« — Dieu et mes efforts, Mercure et la lune en conjonction favorable, vous répondent du succès. Dans cinq jours le flacon précieux vous sera livré. Vous en ferez verser chaque jour deux gouttes dans la boisson de la personne que vous voulez sauver de son effervescence par trop abondante, vous verrez insensiblement sa fougue s'éteindre, son impétuosité s'amoindrir. Elle ne désirera que le repos, elle deviendra indifférente aux projets ambitieux, aux fantaisies de ce monde. Enfin, lorsque vous serez parvenue à la moitié de la liqueur, celui qui l'aura prise ne sera plus qu'un enfant facile à conduire, sans volonté, indépendant, et soumis comme le dernier des serviteurs. Mais là, il faudra s'arrêter pendant une année, car si vous vidiez le flacon, la nature, trop ranimée vers l'enfance, ferait disparaître ensemble la vie et la raison.

« — Croyez que je n'emploierai un tel secours qu'avec prudence, mais en même temps n'oubliez pas que je veux garnir un cabinet de tous vos mélanges, ou bienfaisans, ou délétères. Ma curiosité de ces merveilles est sans borne, et ma reconnaissance s'étendra aussi loin..... Mais ce propos, signor, et la planète chargée des destins du roi de Navarre.....

« — Elle rayonne avec un éclat surnaturel. Les deux couronnes y sont apparentes, non moins que la fin sinistre qui couronnera une vie de gloire et de bonheur.

« — Ainsi donc, la mort ne pourrait précéder l'heureuse fortune?

« — C'est au-dessus de ma force, et vous le dirai-je, une divinité clémentaire, supérieure à celles qui reconnaissent mes lois, veille autour de ce grand prince et le protège. Le fer ou le venin n'aura de prise sur lui que lorsqu'il aura fourni sa carrière triomphante.

« — N'importe, répliqua Médicis, on tentera ce qui peut offrir le succès. Mais, adieu, mon père. Vous avez besoin de repos. Cessez de travailler pendant le reste de la nuit. Je vais tâcher de trouver le sommeil. Hélas! je crains de ne rencontrer à la place que l'insomnie et de pénibles souvenirs.

« — Si la reine voulait m'accorder sa confiance, je lui offrirais cette boîte dont chaque pastille fermerait ses paupières en dépit de tout ce qui pourrait les retenir ouvertes.

« — Donnez, bon père, donnez, de votre main, je prends tout..... Je serais bien malheureuse si je doutais de votre amitié ou de votre science. »

Médicis accepta le présent de l'astrologue, et dès qu'elle fut rentrée dans son appartement, elle ouvrit la boîte, en examina le contenu, et puis, par un mouvement rapide, jeta le tout au feu. La confiance réciproque que les méchans s'accordent entre eux, est une défiance déguisée sous une hypocrisie d'amitié.

Charles IX, de son côté, passa une nuit mauvaise. Il fut étrangement agité. Ses muscles fatigués, ses nerfs brisés, eurent peine à se soutenir. Le jour brillait à peine lorsque Bourbon entra dans sa chambre.

« — Je n'ai pu, sire, commander à mon inquiétude et retarder plus long-temps le plaisir de vous voir. Je vous amène, d'ailleurs, un personnage qui brûle du besoin de se mettre à vos pieds, et de vous demander grâce pour la forme familière dont il a naguère usé envers votre majesté.

« — Oh! dit le roi, c'est Ronsard, je gage ; qu'il paraisse, nous jouerons à nous deux la clémence d'Assuérus ; il fera Esther, vous, mon frère, serez.....

« — Non pas Aman même, pour rire, repartit le loyal Bourbon, Mardochée, à la bonne heure. »

Le roi sourit de cette impétuosité d'honneur, et il répéta combien il serait charmé de voir son grand poète.

Celui-ci tarda peu à paraître, il se prosterna au milieu de la chambre. Le roi couché sur un lit de repos, fit signe à Bourbon de le relever.

« — Allons, perfide, dit Charles en riant, en vertu de notre pleine puissance royale, nous vous relevons de votre crime de lèze-majesté... Ah! cher ami, s'écria Charles, en changeant de ton, que je m'applaudis de la bonne étoile qui vous a rapproché de ma pauvre Marie! n'est-ce pas, qu'elle est digne de mon affection?

« — Le roi peut être assuré, répondit le poète, que oncques ne fut âme plus pure et plus tendre que celle-là : environnée de jeunes gens, tous envieux de lui plaire, elle les repousse et ne s'occupe que de celui qu'elle connaît sous le simple nom de Lothaire de Laon; son amour est chaste et sincère.

« — Tu me combles de joie, grand homme, répondit Charles; je ne tiens encore à la vie que par l'espérance d'être aimé. Va vers cette belle créature, dis-lui que tu m'as vu, que je suis de service auprès du roi, dont la santé est trop faible pour qu'il me soit permis de le quitter, tu ne mentiras pas, et calme surtout le souci que lui causera mon absence prolongée; mais avant de sortir, approche et que je jette à ton cou un nouveau collier de vasselage. »

Charles, à ces mots, prit sur une table voisine une énorme chaîne d'or massif, au bout de laquelle pendait une admirable médaille, produite par le burin de Cellini; il la donna au poète, qui s'éloigna charmé de cette marque de royale munificence.

Le roi de Naples, lui aussi, sortit peu après, et Charles demeuré seul, se mit à réfléchir; il se rappela le passé, ses chagrins, le peu de vraie prospérité qu'il avait goûté dans la vie. Il était poète élégant, ses vers valaient ceux de Ronsard, qu'il appelait son maître; la fantaisie d'en composer de nouveaux le saisit, et au bout d'une heure il termina la romance suivante :

LE VIDE DES PLAISIRS.

ROMANCE.

Qui me dira pourquoi mon cœur
Est mécontent de sa fortune,
Et le nom de cette langueur,
Qui me poursuit et m'importune;
J'ai contenté tous mes désirs,
Avec l'Amour et la Folie;
Et dans la coupe des plaisirs
J'ai puisé la mélancolie.

Rien encor ne m'a satisfait;
Je poursuivais une chimère;
Pour l'avenir, je n'ai rien fait,
Et mon espérance est amère,
Sur un océan soulevé
J'ai brisé ma pauvre nacelle;
Et sous la rose j'ai trouvé
Le ver rongeur qu'elle recèle.

Nuage brillant et trompeur,
Aujourd'hui ton éclat me blesse;

Je vois à travers la vapeur,
Et mon erreur et ma faiblesse;
Imprudent! je comptais trouver,
Au sein d'une ivresse frivole,
Ce charme, qui fait tant rêver
Ce bonheur qui si tôt s'envole.

Ainsi donc, le plaisir est vain,
Ce plaisir chanté sur ma lyre;
Ainsi l'amour, attrait divin !
N'est qu'une ombre ou bien qu'un délire;
De mes beaux jours j'ai trop usé,
De regrets la faute est suivie,
Et quand je suis désabusé,
Il est trop tard... adieu la vie.

Du trône, l'éclat qui séduit,
Dans un rêve éternel nous plonge;
Vers le repos il nous conduit,
Et toujours le chemin s'alonge;
Isolé, triste et sans amis;
J'arrive au bout de la carrière,
Sans goûter ce qu'on m'a promis,
Et sans surtout voir la lumière.

Le roi de France fut distrait par ce travail aimable pendant un peu de temps, et lorsque Ronsard revint lui parler de Marie, qu'il avait vue, et après qu'il l'eut long-temps entretenu de cette belle créature, le roi montra ses vers au poète

« — Ah! sire, dit Ronsard, je supplie votre majesté de ne pas m'enlever ma couronne, et certes je ne la conserverais pas long-temps en présence d'une telle supériorité.

Le roi sourit, il accepta cette flatterie, ne sachant pas qu'un monarque poète sera toujours placé à la cime du Parnasse, selon les courtisans, mais que la postérité les repousse sur leur trône et brise l'autel lyrique élevé par des courtisans menteurs.

Le lendemain, la santé de Charles IX parut se raffermir; mais en même temps, il sentait sa tête embarrassée, une lourdeur d'esprit inaccoutumée le portait à l'apathie, à l'indifférence, et moins que jamais, il se tourmentait de l'abandon dans lequel les ministres le laissaient; néanmoins, cette inertie n'affaiblissait pas son amour, et le surlendemain il partit suivi du seul Hermann, pour aller surprendre la belle Marie. Celle-ci, à la vue de son amant poussa un cri plaintif, et venant à lui avec une vive inquiétude, elle le prit dans ses bras, le conduisit vers un fauteuil.

« — Oh! mon ami, dit-elle, on me parlait que le roi était souffrant, mais n'aurais-tu pas trop pris de fatigue à son service; ton front est décoloré, tes yeux n'ont pas leur vif éclat, que se passe-t-il en toi, est-ce par pitié, rassure ta pauvre Marie!

« — Je suis fatigué, répondit Charles, plus fatigué que souffrant, une lassitude qui ne m'est pas naturelle me tourmente depuis trois jours; j'espère que le retour de la belle saison me rendra cette force, qui momentanément m'abandonne.

« — Interroge les médecins, reprit Marie, il doit y en avoir à la cour?

« — Leur foule y abonde :

« — Eh bien ! prends leurs avis.

« — Que veux-tu, nous ne sommes ici-bas que pour passer avec plus ou moins de promptitude. Qui sait si le Ciel me réserve de longs jours ?

« — Alors, s'écria la jeune fille, dont les yeux se remplirent de larmes, il a voulu également que je ne fisse que paraître dans ce monde de malheur... Mon ami, vis pour moi, vis surtout si tu veux que je vive. Hélas ! je sens que je suis à toi, et à toi liée par des nœuds indissolubles, il y a des momens où je rêve un bonheur bien autrement complet, celui qui reproduira ton image, et je ne peux l'avouer qu'en rougissant... Oh ! Lothaire, encore quelques mois, et dans ton absence ta Marie ne sera plus isolée. »

Charles, comprenant ce que sa belle amie n'osait pas lui avouer directement, jeta à son tour un cri de joie, la prit dans ses bras avec précaution et la couvrit de baisers ; heureux ensemble, ils oubliaient l'univers.

XV.

Un frère apprenti courtisan.

> Il est des hommes tellement mal soutenus du diable que leurs vices ne peuvent les faire avancer même chez les grands.

Ce couple heureux oubliait l'univers, tout occupé de ce qui faisait le charme de leur existence actuelle, lorsqu'il en fut tiré par un bruit inusité qui avait lieu dans les premières pièces de l'appartement; le roi et Marie s'écartèrent l'un de l'autre; le premier se leva, et déjà son front impérieux se plissait par un mouvement de colère. La jeune fille allait s'informer de la cause de ce trouble importun, lorsque la porte fut tout à coup poussée rudement, et un jeune homme parut.

Il pouvait être âgé de vingt-six à vingt-huit ans; son costume, fatigué, terni, annonçait un militaire. Le rire sardonique de sa bouche, l'audace peinte dans ses yeux, les rougeurs de son nez, les pustules qui couvraient son visage et les raies noires qui meurtrissaient ses joues, annonçaient à la fois son intempérance, sa vie libertine et tous les défauts qui en découlent nécessairement; chacun de ses gestes était hardi, brusque, saccadé, résolu; son feutre déchiré et surmonté d'une plume ternie, était posé de travers;

son manteau présentait de larges taches de vin et de fange ; il posait par habitude une de ses mains sur la coquille d'une lourde et longue épée sortie de la fameuse fabrique de Tolède, et l'autre ou caressait sa forte moustache, ou jouait avec les crosses de deux pistolets posés en sautoir dans sa large ceinture.

Dès que cet étranger entra dans la chambre, il y répandit une odeur de brandevin désagréable aux odorats délicats. Il avançait en se dandinant, soit qu'il cherchât à se donner un air aisé, ou que plutôt l'ivresse qui dominait sa tête eût déjà aviné ses jambes et les eût fait fléchir ; il s'arrêta, et portant çà et là un regard curieux et moqueur tout à la fois :

« — Oh çà ! oh ! dit-il enfin, ma coquine de sœur Marie, dans quelle cage dorée es-tu venue faire ton nid ?

« — Est-ce toi, Robert ? toi, répondit la

jeune fille partagée entre la honte que lui causait le délabrement de son frère et le plaisir de le revoir, toi, qui viens ainsi sans annoncer ton arrivée, sans me prévenir de ton retour?

« — En bon père de famille, en tuteur estimable qui connaît ses devoirs, j'ai voulu, au contraire, te surprendre afin de bien m'assurer comment je te trouverais, et je vois, ma belle enfant, que la renommée n'a pas été menteuse en répandant sur mon passage la nouvelle que tu t'es lancée dans le monde, et certes tu as, en effet, fourni rapidement ta course pour avoir pris gîte dans un palais aussi somptueux.... Morbleu! la belle garniture de cheminée! c'est d'argent massif.... Il y a là de quoi me remettre en fonds, après la pénible campagne que je viens de faire.

« — Je ne suis pas chez moi, répondit Marie déjà troublée, rien ici ne m'appartient.

« — Bon! me feras-tu croire que ton amant t'ait mise dans les meubles d'un autre?

« — Mon frère! s'écria la brodeuse, modère-toi, ne m'humilie pas; est-ce ainsi que je dois être insultée, lorsque j'étais si heureuse de ton retour?

« — Mademoiselle, dit alors Charles, je vous laisse avec votre frère; je me plais à croire que sa tendresse l'emportera toujours sur tout autre sentiment. »

Bien que Robert Touchet ne manquât ni d'audace, ni d'effronterie, le haut ton que prit le roi lui en imposa tant, qu'il ne put ni lui répondre, ni même se revaucher par un regard dédaigneux; il le laissa sortir, honteux d'être contraint de reconnaître cette supériorité sociale, qui est, à elle seule, une puissance dont on ne dénie pas le droit.

Charles, à la vue d'un personnage aussi déplaisant, n'avait pas voulu prolonger sa visite, il eût craint d'être insulté, et il ne lui convenait ni de prêter le collet à ce spadassin, ni de le châtier d'aucune manière; cependant une voix secrète lui criait que Marie aurait besoin de protection contre ce frère grossier. Il se promit de tarder peu à faire intervenir le sire de Lespare, et en attendant, comme il traversait l'allée du rez-de-chaussée, un signal qu'il émit appela le maître de la maison; il lui dit en passant, deux mots, et continua sa route.

A peine eut-il fermé la porte de la chambre d'étude de Marie, que le soldat mal appris recommençant à pérorer:

« — Par ma dague! est-ce là le freluquet qui déshonore l'antique et noble famille des Touchet?

« — Tu as trop bu de vin, mon cher Robert, va te coucher; demain tu seras plus tranquille, tu me raconteras ce que tu as fait dans le long voyage qui devait t'enrichir.

« — Et certes, la chose aurait eu lieu, perle des sœurs, sans le nombre innombrable des cabarets, des hôtelleries et des filles de bonne volonté, tes chastes compagnes, dont la route est semée depuis Paris à Varsovie, et de Varsovie à Paris.

« — Tu me manques, mon frère ?

« — En quoi, s'il te plaît ? Une honnête fille loge rue Maubuée, au troisième, sur le derrière, dans une chambre chastement garnie d'un bois de lit de chêne, avec les rideaux de serge verte et la courte-pointe de même, un vieux bahut bon à mettre du linge, une petite table qui sert à deux fins, pour le travail et les repas, trois escabelles, et cinq lorsqu'on est riche; la lampe à mèche pour s'éclairer le soir, un métier, un tambour, des aiguilles, des laines et des soies ; là, je t'assure, nul ne te dirait plus haut que ton nom ; mais ici, avec ces magnificences royales et en la compagnie d'un godelureau, les langues se délient ; la calomnie est inutile, le médisance suffit. »

Marie ne répondit pas, elle pleurait. Lui continua :

« — Voilà donc, morbleu, comme tu as répondu à mes soins, au bon exemple que je t'ai donné ; ma sœur, dont j'aurais fait une princesse, est la fille de joie d'un polisson.

« — Parle mieux d'un homme dont le seul regard t'a coupé la parole, d'un homme qui, comme toi, ne hante ni les académies de jeu, ni les maisons perdues. Qui es-tu ? pour me quereller et te prétendre mon tuteur, un misérable soldat de la compagnie de M. de Guise, que l'on emploie à courir les grandes routes, à faire le métier de brigand, car tu seras pendu un de ces jours-ci, Robert, et à qui en sera la faute ?

« — Oh! oh! comme la poule chante là! Palsambleu! ma mignonne, qui a si bien délié ta langue...? Moi, faire un métier de brigand! de par monseigneur le diable, du reste, si je suis pendu, ce ne sera qu'en bonne compagnie. Sais-tu qui je fréquente, Marie? des libertins, répèteras-tu, des donzelles du coin de la rue... C'est bien autre chose : ma société ordinaire, à Paris, comme à Varsovie, sont des rois, des reines, des éminens seigneurs.

« — Toi, fou et débauché?

« — Oui, moi, moi...... je suis familier avec la grave Catherine ; la royale mère de notre gracieux souverain le roi de Pologne s'appuie sur mon épaule. Le duc de Guise me conte ses secrets... Je ferais une belle fortune dans le monde, si je pouvais me défendre de boire toujours, de tenir parfois les cartes et d'aimer en passant..... Mais laissons la politique à laquelle tu dois être étrangère, que je sache pourquoi tu as quitté la rue où je t'avais laissée à la garde de ton saint ange, et sous la recommandation de la mère de Dieu ?

« — Je ne m'y plaisais plus.

« — C'est-à-dire que ton amant te nicha dans ce palais. »

Marie lui raconta comment il se faisait qu'elle habitât au milieu d'un mobilier si somptueux. Quand elle eut achevé, Robert, reprenant la parole et faisant une pirouette en même temps :

« — Prrrr, princesse, je me suis levé de trop bonne heure, et tu es venue au monde trop tard pour me leurer et m'abuser par une pareille fable. Depuis quand les comtesses logent-elles chez les barbiers, et surtout la sévère dame de Sancerre ? tu es là en chambre garnie par ton Adonis, par ce drôle à qui je mangerai le blanc des yeux, en même temps que de ma dague je lui fendrai le ventre, s'il ne l'épouse à la paroisse prochaine, ou s'il ne me dédommage de notre honneur froissé par une bourse de mille écus d'or... Oui, morbleu, mille écus... il le peut, car il est riche ; c'est je gage un étudiant de province ? »

Marie, par un geste répondit négativement.

« — Un gros fripon de mullotier?

« — Non, mon frère.

« — Un saute-ruisseau qui pille son patron ?

« — Pas tout-à-fait.

« — Un conseiller aux enquêtes ? dit le soldat avec inquiétude.

« — Non plus, mais bien un officier de la chambre du roi.

« — Un serviteur de cet infâme qui provoqua la mort de notre père, que lui-même a peut-être tué de sa royale main ? car il ne faisait faute de tirer à coups d'arquebuse sur les pauvres huguenots qui, traversant la Seine, essayaient de se soustraire à leurs assassins.

«—Comment se fait-il, répondit Marie, que tu aies oublié que parmi ces assassins, il faut placer au premier rang la reine-mère, le roi de Pologne et le duc de Guise, que tu sers maintenant avec une aussi vive affection ? »

Robert se mordit les lèvres, rougit et puis se mit à dire : « Si tous les loups marchaient unis, ils seraient invincibles ; je les vois divisés avec joie, et lorsque ceux-là auront détruit ceux qui leur commandent, nous aviserons, nous autres, à tomber alors sur ceux-là.

« — Et à qui donc en veulent la reine-mère, le roi de Pologne et le duc de Guise ?

« — A qui..? à tout autre que toi j'en ferais un mystère, mais tu es ma sœur, tu vas avoir pitié de sa misère, et avant que la Providence l'enrichisse, tu feras honte à celle-ci de sa lésinerie, cela m'engage à te dire que nous avons déclaré la guerre au roi.

« — La guerre au roi, et toi avec eux ?

« — Oui, mignonne, et les apprêts étant terminés, on va entrer en campagne.

« — Où sont vos troupes ? on tuera donc encore des Français ? avez-vous des armes, des munitions de guerre ?

« — Oh ! rien de cela ne nous manque, vois-tu ma dague..... et d'un..... puis si elle ploie, le boucon nous reste.

« — Scélérat, s'écria Marie, en se reculant, le meurtre ou le poison.... tu es un infâme... !

« — Oh ! morbleu, péronnelle, ne te joue pas avec moi ; je t'ai conté ces gentillesses, c'est parce que je me suis cru en famille, mais si tu me trompais, si tu éventais la mèche, alors avant tout, j'irais à toi, et du boucon ou de la dague...... c'est, vois-tu, que je suis homme d'honneur et de piété. Le roi a tué mon père, et moi pour venger mon père, je tue le roi ; c'est logique... Marie, ma petite Marie, faites l'amour si vous ne pouvez faire ; mais taisez-vous, si par cas vous chérissez votre amant et la vie. »

La jeune fille épouvantée, car il avait tiré de sa gaîne le fer aigu dont il la menaçait, et elle le voyait briller à quelques pouces de ses yeux, n'eut pas la force de crier au secours, ses genoux tremblotèrent, et elle se laissa tomber sur le fauteuil que Charles venait de quitter. Robert qui s'aperçut de cette frayeur sans motif réel, dans ce moment en fut bien aise; il se résolut d'en tirer parti : en conséquence, posant sa dague nue sur le marbre d'une table ornée de beaux bronzes ; il alla vers le chambranle de la cheminée où l'architecte avait pratiqué une tablette de porphyre chargée de deux paires de flambeaux d'argent, supérieurement ciselés.

« — Figure-toi, ma sœur, se mit à dire le chevalier d'industrie, que si les voyages forment la jeunesse, ils n'en sont pas moins horriblement chers; de plus, divers Français de la suite du roi de Pologne m'ont confié là-bas, à Varsovie, des sommes pour remettre ici à leurs parens, à leurs maîtresses, à leurs créanciers. Je m'en étais chargé, ainsi que le doit tout homme obligeant, tout militaire loyal; mais je te l'ai dit, la route damnée est si longue, il y a tant de couchers, tant de villes importantes avec des hôtelleries où le vin du Rhin est si parfait, les Allemandes sont si complaisantes...... Bref, je ne sais comment s'est faite la chose, mais je suis arrivé à Paris sans un patard à moi, et sans un carolus à mes commettans.

« — Et tu as follement dépensé un dépôt confié à la probité ? »

« — Qu'est-ce à dire, nul n'y perdra la

moindre chose, ma sœur a trop à cœur la réputation de son frère, la bonne renommée de sa maison, pour ne pas se contenter de ces deux flambeaux, tandis qu'elle me confiera les deux autres. »

Marie aussitôt se levant avec précipitation, courut à son frère, et lui arrêtant la main :

« — Au nom de Dieu, dit-elle, garde-toi de toucher à ce qui ne m'appartient pas ; ignores-tu que le vol domestique me conduirait à la croix du trahoir (1). »

« — Ouais ! ma petite sœur, il paraît que depuis votre mauvaise vie, avez perdu l'amour fraternel et le soin de votre nom ; quoi ! pour un pareil marlain vous me laisseriez exposé..... *cap de bious,* puisque je suis

---

(1) On donnait ce nom à une potence permanente placée contre la fontaine déjà existante qui est à l'angle des rues Saint-Honoré et de l'Arbre-Sec, à Paris ; on y pendait journellement.

en maison ennemie, je jouerai du ferret, si on s'avise de me contre-carrer. »

Il dit, et avec une rudesse qui annonçait de quoi il serait capable, le méchant garnement repoussa Marie à l'autre extrémité de la chambre si violemment, que le contre-coup en retentit... Dans ce moment la porte s'ouvrit comme d'elle-même, et l'on entendit dans la pièce voisine le barbier Massot, qui disait :

« — C'est bien, mes voisins, que douze de vous gardent l'escalier, que le reste de la compagnie tienne la rue, mes six garçons et moi suffirons à la paix de tout..... Qu'est-ce? que se passe-t-il ici? poursuivit le malin Gascon en pénétrant dans le cabinet d'étude, je crois, Dieu me pardonne, que la sœur querelle et bat le frère. »

Marie n'avait jamais vu Massot que dans le costume pacifique de l'étuviste-baigneur barbier, et il lui apparut cette fois armé en guerre, bien muni d'une forte cuirasse, de brassards, de cuissarts, d'un pot en tête, ayant d'un côté, une épée de bataille d'une longueur démesurée, et de l'autre, une masse de fer lourde et hérissée de pointes ; de plus, il maniait comme si c'eût été une simple canne, sa hallebarde pointue et tranchante, c'était d'ailleurs un homme de haute taille et d'une corpulence double de celle de Robert. Ce dernier, entendant parler Massot comme s'il eût commandé à un bataillon, sentit que la mutinerie serait inutile ; cependant, brave par nature, et autant au moins fanfaron :

« — Eh ! maître, se mit-il à dire, est-ce la coutume à Paris, de fondre cinquante sur un ?

« — Non, certes, mon très cher, ce n'est pas là l'usage quand un homme d'honneur a une querelle à vider avec qui mérite sa confiance et son estime, mais, lorsqu'il s'agit de mettre la main sur un aigrefin, un chevalier d'industrie, sur un escroqueur du bien des orphelines, alors on fait du cas une affaire de justice, et on accourt avec les voisins, ni plus ni moins que s'il s'agissait de haper un maître filou, ou un voleur passé maître.

« — Oh! cette injure... cette injure, s'écria Robert en frappant du pied la terre, certes, je la laverai dans du sang!

« — Pas pour le présent, mon maître, attendu que je suis chez moi, dans mon rôle naturel de protéger les jeunes filles, de défendre le bien de mes locataires, tandis que vous êtes pris en flagrant délit; veuillez, s'il vous plaît, commencer par sortir de l'abîme de votre poche le flambeau qui laisse son camarade dépareillé. »

Le soldat s'agitait, la colère lui soufflait un méchant conseil; aussitôt, le barbier qui l'épiait enflant la voix : « Que deux viennent ici, que tous les autres remplissent les chambres, afin qu'il ne lui reste de retraite que par la Seine, et nous lui faciliterons celle-là.

Clair Lechard et le Normand présentèrent leur tête à la porte; Robert, en vrai militaire, rentra dans le calme de la bravoure; dès que commença l'éminence du péril, il se mit à sourire; et repoussant négligemment son épée en arrière en signe de paix :

« — Capitaine, dit-il, je me rends, l'ambuscade est bonne, et tel qu'un sot, je m'y suis laissé attacher... Oh! siècle de perdition, où une jolie fille ne sait point pour le plus grand avantage de sa famille, et où elle n'assistera pas son frère d'une centaine d'écus d'or !

« — Je ne les ai pas, dit Marie, tu es parti

en épuisant notre bourse commune, j'ai vécu depuis en travaillant, et tout ce que je peux te donner, et c'est de bon cœur, sera six écus d'or qui m'ont été remis en paiement par avance d'un travail de broderie ; j'en prélèverai ce qu'il faut pour l'achat de l'étoffe et des soies, je te remettrai le reste.

« — Va-t-en au diable ! s'écria le soldat exaspéré cette fois, courtisane de malédiction qui as un amant que tu ne ruines pas. Ah ! malheureuse, tu gâtes le métier….! Or çà, maître, suis-je captif, ou libre ?

« — La restitution libère, et on vous rendra même, si vous le voulez, les honneurs de la guerre au passage.

« — A dire vrai, répliqua Robert embarrassé, j'aimerais mieux une sortie moins éclatante ; que gagne-t-on à montrer son visage à tant de mauvais plaisans ?

« — Allons, il faut vous prouver que nous

autres gens du Pont-au-Change, ne voulons pas la mort du pêcheur ; suivez-moi, il y a ici une issue cachée qui nous mènera hors de l'appartement, et vous éviterez la foule. »

Robert, charmé de cet acte de condescendance, en remercia le Gascon factieux ; celui-ci conservant son air grave, le mena par des couloirs obscurs, le fit parvenir à la rue, l'y laissa, et ferma la porte ; le soldat s'attendait à une grande huée, le chemin était désert, il pleuvait à verse, en même temps, Massot lui cria du dedans de sa boutique :

« — Soldat d'aujourd'hui, ceux de l'ancien temps vous joueraient sous jambe en fait de surprise de guerre, toute ma garnison consiste en mes deux apprentis, mon chat, et votre serviteur. »

Robert détala, jurant tel qu'un possédé, et s'indignant d'avoir été joué par un Gascon.

Celui-ci, cependant, dès qu'il eut expulsé le frère, se hâta de revenir à la sœur. Il la trouva encore pâle et tremblante, épouvantée de la scène odieuse qui lui avait été faite, et s'applaudissant de ce que Lothaire n'en était resté le témoin.

« — Méprisée, dit-elle, la turpitude de Robert m'aurait abaissée à ses yeux. »

Massot la consola ; il voulait lui faire promettre de ne plus revoir un parent si peu digne d'affection ; mais elle, sans fiel, et réellement aimant ce mauvais sujet, répondit que, sans doute, il s'amenderait, mais qu'à moins d'actes plus étendus de sa brutalité, elle continuerait à lui permettre de venir la voir.

Marie causait encore avec le barbier lorsque l'on entendit la porte de la rue retentir de trois coups solennellement heurtés par le sire de Lespare lorsqu'il habitait la maison. Mais depuis le jour où, sur les recommandations de Lothaire, croyait Marie, le jeune seigneur avait été nommé premier lieutenant des archers de la garde du roi, la surveillance continuelle le contraignait à coucher au Louvre. Cependant, il ne s'était pas démis de son logement, et comme on ne pouvait se méprendre à son *tic-toc*, on se dit réciproquement que sa présence annonçait un fait majeur.

Les garçons, retournés à la boutique, dispensèrent Massot de descendre. Il écouta, et, sur les marches de bois de l'escalier, on ouït le son lent de la voiture de celui que l'on prétendait avoir soulevé et fait retomber le marteau. Il vint au lieu où il savait qu'il trouverait Marie. Celle-ci ne lui cacha pas la satisfaction que sa présence lui causait, et le baron à son tour prenant la parole :

« — J'espère, dit-il, que vous ne m'accuserez point d'ingratitude, si, jusqu'à présent, je n'ai pu vous remercier d'une place que je vous dois. Le service de sa majesté ne m'a pas permis de quitter le château ; aussi, me suis-je empressé de profiter d'un congé de deux jours que j'ai obtenu, je dois le dire, ceci à la recommandation de messire Lothaire de Laon.

Marie se réjouit de la faveur que son ami obtenait, et elle eût volontiers poursuivi ce chapitre, lorsque le sire de Lespare lui demanda s'il était vrai que le soldat Robert fût à Paris.

« — Assurément, monseigneur, il s'y trouve, dit Massot, sans faire attention aux supplications généreuses de la jeune fille ; et, certes, il n'existe aucuns traits de ressemblance entre mademoiselle et lui. »

Massot, poursuivant, raconta la scène dont il avait été successivement le témoin et l'auteur, ne tut aucune des portions importantes, et néanmoins les amalgama de telle sorte, que loin au fond d'être pris pour un voleur d'intérieur, tout se serait passé plus comme le fait d'un étourdi, que comme la scélératesse d'un mauvais sujet consommé.

Le sire de Lespare écouta la déposition du perruquier avec le caractère impassible de sa belle figure, puis il se mit à dire qu'il voulait dès le jour suivant parler à Robert ; il pria Marie de lui indiquer où on le trouverait.

Bien que la jeune personne eût autant de confiance dans la discrète probité du barbier que dans celle du baron Hugues, cependant elle ne pouvait se déterminer à leur apprendre tout ce qui était venu à sa connaissance, non en vertu de l'affection de son frère pour elle, mais à raison du renversement de sa raison à la suite de libations imprudentes. Lothaire seul serait digne de recevoir ce pénible et épouvantable secret. Mais en même temps elle devait satisfaire au moins en quelque chose son noble protecteur. Aussi, elle lui avoua que Robert logeait sans doute dans la rue Maubuée, au troisième étage, et au dernier, ajouta-t-elle. C'était là que depuis la mort de leur père, le frère et la sœur avaient séjourné, jusqu'au moment où celle-ci, entraînée par Lothaire, s'était séparée avec trop peu de formes convenables d'un insensé qu'elle avait jusque-là préservé de bien fortes erreurs.

Le sire de Lespare, après avoir remercié Maria de sa confiance, invita le barbier, non à courir lui-même après Robert qui, le reconnaissant tout à coup, pourrait bien chercher à tirer de lui quelque vengeance, mais un drôle intelligent qui lui parût étranger à la querelle et à la mistification nocturne. Massot proposa Clair Lechard qui fut accepté avec joie, celui-là aussi était inscrit sur le contrôle secret de la compagnie mystérieuse qu'on levait pour arracher le roi de Navarre aux fers qu'il portait à Vincennes avant que le roi de France l'en eût lui-même affranchi.

FIN DU PREMIER VOLUME.

EN VENTE

LE
TESTAMENT D'UN GUEUX,
MŒURS POPULAIRES,
PAR E.-L. GUÉRIN.
2 vol. in-8. — 15 fr.

PITIÉ POUR ELLE,
PAR L. COUAILHAC.
2 vol. in-8. — 15 fr.

UNE DAME DE L'OPÉRA.
PAR E.-L. GUÉRIN,
2 vol. in-8. — 15 fr.

LA DANSE DES ESPRITS,
PAR SPINDLER. 2 vol. in-8. — 15 fr.

COMMENT MEURENT LES FEMMES,
par CARLE LEDHUY, 2 vol. in-8.

AVANT L'ORGIE,
par LOUIS COUAILHAC, 2 vol. in-8.

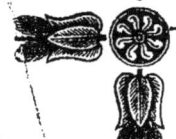

www.ingramcontent.com/pod-product-compliance
Lightning Source LLC
Chambersburg PA
CBHW050430170426
43201CB00008B/616